CATALOGUE
DES LIVRES

COMPOSANT LA

BIBLIOTHÈQUE DE M. SAINTE-BEUVE

MEMBRE DE L'ACADÉMIE FRANÇAISE

DONT LA VENTE AURA LIEU

Le lundi 23 mai 1870 et les quatre jours suivants
à sept heures et demie du soir

Rue des Bons-Enfants, 28 (maison Silvestre)
Salle n° 1

Par le ministère de Me DELBERGUE-CORMONT, commissaire-priseur
Rue de Provence, 8

DEUXIÈME PARTIE

PARIS
L. POTIER, LIBRAIRE, QUAI MALAQUAIS, 9
ADOLPHE LABITTE, LIBRAIRE, RUE DE LILLE, 4

1870

CATALOGUE

DES LIVRES

DE LA

BIBLIOTHÈQUE DE M. SAINTE-BEUVE.

CONDITIONS DE LA VENTE.

Il y aura, *chaque jour de vente, de deux à quatre heures, exposition des livres composant la vacation du soir.*

Les livres vendus devront être collationnés sur place dans les vingt-quatre heures de l'adjudication. Passé ce délai, ou une fois sortis de la salle de vente, ils ne seront repris pour aucune cause.

Les acquéreurs payeront, en sus du prix d'adjudication, cinq centimes par franc, applicables aux frais.

Voir l'*Ordre des Vacations* à la fin du Catalogue, p. 83.

Paris. — Imprimerie Adolphe Lainé, rue des Saints-Pères, 19.

CATALOGUE

DES LIVRES

COMPOSANT LA

BIBLIOTHÈQUE DE M. SAINTE-BEUVE

MEMBRE DE L'ACADÉMIE FRANÇAISE

DONT LA VENTE AURA LIEU

Le lundi 23 mai 1870 et les quatre jours suivants
à sept heures et demie du soir

Rue des Bons-Enfants, 28 (maison Silvestre)
Salle n° 1

Par le ministère de Me Delbergue-Cormont, commissaire-priseur
Rue de Provence, 8

DEUXIÈME PARTIE

PARIS
L. POTIER, LIBRAIRE, QUAI MALAQUAIS, 9
ADOLPHE LABITTE, LIBRAIRE, RUE DE LILLE, 4

1870

CATALOGUE
DES LIVRES

DE LA

BIBLIOTHÈQUE DE M. SAINTE-BEUVE.

DEUXIÈME PARTIE.

THÉOLOGIE.

---

1. Les Quatre Livres des Rois, traduits en français du XIIe siècle, suivis d'un choix de sermons de saint Bernard, publiés par M. Le Roux de Lincy. *Paris*, *Imprimerie royale*, 1841, in-4, cart. non rog.

2. Ernest Renan. Vie de Jésus. — Le Livre de Job. — Le Cantique des cantiques. — Etudes d'histoire religieuse. *Paris, Michel Lévy*, 1857-68, 7 vol. in-8, br.

3. Etudes critiques sur l'Evangile selon S. Matthieu, par A. Réville ; ouvrage couronné par la Société de la Haye pour la défense de la religion chrétienne. *Leide*, 1862, in-8, br.

   Quelques remarques au crayon, de M. S.-B.

4. Saint-Paul et Sénèque, Recherches sur les rapports du philosophe avec l'apôtre, par M. Amédée Fleury. *Paris*, *Ladrange*, 1853, 2 vol. in-8, br.

5. Institutions liturgiques par le R. P. Dom Prosper

Guéranger. *Paris*, *Débécourt*, 1841, 2 vol. in-8, br.

6. Etudes sur les Pères de l'Eglise, par J.-P. Charpentier. *Paris*, *Maire-Nyon*, 1853, 2 vol. in-8, br.

7. Etude historique et littéraire sur saint Basile, suivie de l'Hexaméron, trad. par E. Fialon, *Paris*, *A. Durand*, 1865, in-8, br.

8. Clément d'Alexandrie, par l'abbé Cognat. *Paris*, *Dentu*, 1859. — Les Voyages de saint Jérôme, par l'abbé Bernard. *Paris*, *Douniol*, 1864. — Histoire de saint Jérôme, par F.-Z. Collombet. *Paris*, *Mellier*, 1844, 2 vol. Ensemble 5 vol. in-8, br.

9. La Cité de Dieu, de saint Augustin, trad. par Moreau. *Paris*, *Lecoffre*, 1854, 3 vol. in-12, br.

10. La Cité de Dieu, de saint Augustin, trad. nouv. avec notes, par Emile Saisset. *Paris*, *Charpentier*, 1855, 4 vol. in-12, br.

11. La Philosophie de saint Augustin, par Nourrisson. *Paris*, *Didier*, 1865, 2 vol. in-8, br.

12. Ouvrages inédits d'Abélard, publiés par V. Cousin. *Paris*, *Imprimerie royale*, 1836, in-4, cart. n. r.

13. Liber theologiæ moralis..., auctore Antonio de Escobar de Mendoza.... *Juxta editionem Bruxellensem*, 1651,... *et veneunt Parisiis*, 1656, gros vol. in-8, tit. gr., parch.

14. Les Provinciales, ou les lettres escrites par Louis de Montalte (Bl. Pascal) à un provincial de ses amis et aux RR. PP. Jésuites, sur le sujet de la morale et de la politique de ces pères. *Cologne*, *P. de La Vallée*, 1657, in-4, vél.

ÉDITION ORIGINALE des dix-huit lettres. Cet exemplaire est un de ceux auxquels on a, dans le temps, ajouté un avertissement et un titre portant le nom de Cologne et la date.

En tête se trouvent deux feuillets imprimés contenant une inscription pour le tombeau de Pascal, avec ce titre : *Nobilissimi Scutarii Blasii Pascalii Tumulus*. *S. l.* (une tête de mort), 1662.

On a joint en outre au volume beaucoup de pièces du temps contre la morale des jésuites, et notamment contre l'*Apologie des casuistes*, entre autres celle-ci : *Response des curez de Paris*, qui est de Pascal et qu'il fit en un jour, dit Clémencet. (*Hist. littér. mss.*)

Cet exemplaire, très-grand de marges et parfaitement conservé dans sa reliure du temps, contient beaucoup de notes de M. Sainte-Beuve, soit au crayon sur les marges, soit à l'encre sur des feuilles volantes. On lit celle-ci sur le premier feuillet de garde : « Exemplaire original et précieux ; on peut encore voir, à certaines *lettres provinciales*, la trace du *pli* qui prouve que c'est bien l'édition originale et qu'elles ont été d'abord pliées comme un journal. »

15. Les mêmes. En 1 vol. in-4, cart.

Autre exemplaire de l'édition originale, sans le titre et sans les autres pièces ajoutés à l'exemplaire qui précède.

16. La Chaire française au moyen âge, par A. Lecoy de la Marche. *Paris, Didier*, 1868, in-8, br.

17. J.-P. Camus, évêque de Belley : Premières Homélies festives. *Paris*, 1619. — Homélies dominicales, 1617. — Crayon de l'éternité. *Rouen*, 1632, 4 vol. pet. in-8, parch. et v. br.

18. Sermons de Jacques-Bénigne Bossuet. *Paris, A. Boudet*, 1772, 9 vol. in-8, v. ant.

19. Œuvres de Bourdaloue. *Paris, Lefèvre*, 1837, 3 vol. gr. in-8, br.

20. Œuvres de Massillon. *Paris, Lefèvre*, 1835, 2 vol. gr. in-8, br.

21. Choix de sermons et discours de S. Em. Monseigneur Philarète, métropolite de Moscou, trad. par Serpinet. *Paris, Dentu*, 1866, 3 vol. in-8, br.

22. Entretien évangélique de l'âme dévote, par le sieur de Nervèze. *Paris, A. du Brésil*, 1612, in-12, v. f. fil.

Titre et gravures par Léonard Gaultier.

23. Nouvelles Lettres de saint François de Sales. *Paris, Blaise*, 1835, 2 vol. in-8, br.

24. De la Sinderesse, discours ascetique, tiré de la doctrine du B. François de Sales, par J.-P. Camus, évesque de Belley (suivi de la Luitte (*sic*) spiri-

rituelle et de l'Unité vertueuse). *Paris*, *Seb. Huré*, 1631, 3 part. en 1 vol. in-12, v. br. (*court en tête*). — Eloge de piété, à la bénite mémoire de M. Claude Bernard, appelé le pauvre prêtre, par J.-P. Camus. *Paris*, 1641, in-8, v. m.

25. Lettres chrestiennes et spirituelles de Le Maistre de Sacy. *Paris*, *G. Desprez*, 1690, 2 vol. in-8, v. br.

26. OEuvres spirituelles de Fénelon. *S. l.* 1767, 4 vol. in-12, v. br.

27. Instruction sur les estats d'oraison, par messire J.-Bénigne Bossuet. *Paris*, *J. Anisson*, 1697, in-8, v. br.

Édition originale.

28. Les Mystiques espagnols, par Paul Rousselot. *Paris*, *Didier*, 1867, in-8, br. — Histoire du père Ribadeneyra, par Prat. *Paris*, *V. Palmé*, 1862, in-8, br.

29. Chemin de perfection, par sainte Thérèse, trad. de l'espagnol en français, par J.-J. Grégoire et F.-Z. Collombet. *Lyon*, *Perisse*, 1836, 3 vol. in-8, br.

30. Reparties succinctes à l'abbrégé des controverses de M. Charles Drelincourt, ministre de Charenton; ensemble les Antithèses protestantes, par J. P. C. E. (J-P. Camus, évêque) de Belley. *Caen*, *Pierre Poisson*, 1638, 2 part. en 1 vol. in-8, vél.

Ouvrage rare.

31. Des Pensées de Pascal, par M. Victor Cousin. *Paris*, *Ladrange*, 1847, in-8, fac-simile, br. (*Envoi d'auteur à M. S.-B.*) — Etudes sur Blaise Pascal, par A. Vinet. *Paris*, 1848, in-8, br.

32. Epistre de Jaques Sadolet, cardinal, envoyée au peuple de Genève, par laquelle il tasche les reduire soubz la puissance de l'evesque de Romme;

avec la response de Jehan Calvin. *Imprimé à Genève, par Mich. du Bois*, 1540, pet. in-8, br.

Réimpression faite à Genève, chez G. Fick, en 1860, par les soins de M. Gustave Révilliod.

33. Lettres de quelques juifs à Voltaire, par l'abbé Guénée. *Paris, Lacroix-Gauthier, s. d.*, 3 vol. in-12. br.

34. Paroles d'un Croyant, 1833, par F. de Lamennais, septième édition, augmentée de : *De l'Absolutisme et de la liberté* (par le même). *Paris, Eugène Renduel*, 1834, in-8, br. — Discussions critiques et pensées diverses sur la religion et la philosophie, par F. Lamennais. *Paris, Pagnerre*, 1841, in-8, br. (*Première édition. Notes marginales de M. S.-B*).—Etudes et notice biographique sur l'abbé F. de Lamennais, par Edm. Robinet. *Paris, Paul Daubrée*, 1835. — Essai biographique sur M. F. de Lamennais, par A. Blaise. *Paris, Garnier*, 1858, in-8, br. — A. Blaise. Béranger et F. de Lamennais, contre M. Forgues, éditeur des œuvres posthumes de Lamennais. *Paris*, 1859, br. in-12.

35. La Correspondance inédite de L.-C. de Saint-Martin, dit le Philosophe inconnu, et Kirchberger, baron de Liebistorf.... du 22 mai 1792 jusqu'au 7 novembre 1797, publiée par L. Schauer et Alph. Chuquet. *Paris, E. Dentu*, 1861, in-8, portr. lith. br. — Des Nombres, par L.-C. de Saint-Martin, œuvre posthume, suivie de l'Eclair sur l'Association humaine, publiés par L. Schauer, *Paris, E. Dentu*, 1861, in-8, portr. lith. br.

36. Matter. Saint-Martin. Le Philosophe inconnu. *Paris, Didier*, 1862. — Emmanuel de Swedenborg, sa vie, ses écrits et sa doctrine. *Paris, Didier*, 1863, 2 vol. in-8, br.

37. Le Talmud, par Emanuel Deutsch, traduit par Théophile Baudaunas. *Londres, Chiswick pres's, et*

Paris, Académie des bibliophiles, 1868, in-8, pap. de Holl. br.

Envoi d'auteur à M. S.-B. Tiré à 265 exemplaires.

38. Le Koran, traduction nouvelle par M. Kasimirski, avec une préface de M. Pauthier. *Paris, Charpentier*, 1840, in-12, br.

39. Vie de Mohammed, texte arabe d'Abou' lféda, trad. et annoté par A. Noël Des Vergers. *Paris*, 1837, in-8, br.

40. Mahomet et le Coran, précédé d'une introduction, par Barthélemy St-Hilaire. *Paris, Didier*, 1865, in-8, br.

41. Introduction à l'histoire du Buddhisme indien, par L. Burnouf. *Paris, Imp. roy.*, 1844, gr. in-4. (T. Ier, seul publ.)

42. Histoire du Bouddha Sakya Mouni, trad. du tibétain, par Ph.-Ed. Foucaux. *Paris, Benj. Duprat*, 1860, in-4, 6 pl. au trait, br.

JURISPRUDENCE.

---

43. L'Interprétation des Institutes de Justinian, ouv. inédit d'E. Pasquier, publ. par Ch. Giraud. *Paris, Videcocq*, 1847, in-4, br.

Notes au crayon de la main de M. Sainte-Beuve.

44. Les Lois pénales de la France, exposées dans leur ordre naturel, par Eugène Mouton. *Paris, Cosse et Marchal*, 1868, 2 vol. gr. in-8, br.

45. Procès célèbres de la Révolution. *Paris*, 1814, 2 vol. in-8, br.

46. Du Pape, par le comte J. de Maistre. *Lyon, Pélagaud*, 1836, 2 vol. in-8, br.

47. Le Comte J. de Maistre. Du Pape. *Lyon*, 1844. — Lettres sur l'inquisition espagnole, 1822. — Sur les délais de la justice divine, 1833.— Examen de la Philosophie de Bacon, 1836, 2 vol. — De l'Eglise gallicane, 1829. — Ensemble 6 vol. in-8, br.

48. Histoire des deux Concordats (1801–1803), par Aug. Theiner. *Bar-le-Duc, Guérin*, 1869, 2 vol. gr. in-8, br.

SCIENCES ET ARTS.

PHILOSOPHIE. — MORALE.

49. Cours de sciences, sur des principes nouveaux et simples pour former le langage, l'esprit et le cœur dans l'usage ordinaire de la vie, par le père Buffier. *Paris*, *G. Cavelier*, 1732, in-folio, v. ant.

50. Manuel de l'histoire de la philosophie, trad. de l'all. de Tennemann, par V. Cousin. *Paris, Sautelet*, 1829, 2 vol. in-8, br.

51. Histoire de l'Ecole d'Alexandrie, par M. Jules Simon. *Paris, Joubert*, 1845, 2 vol. in-8, br.

52. Essai sur l'Histoire de la philosophie en France, au XVIIe siècle, par M. Ph. Damiron. *Paris*, *Hachette*, 1846, 2 vol. in-8, br.—Essai sur l'Histoire de la philosophie en France au XIXe siècle, par le même. *Paris*, 1828, 2 vol. in-8, br.

53. Etudes sur la Théodicée de Platon et d'Aristote, par Jules Simon. *Paris*, *Joubert*, 1840, in-8, br.

54. Essais sur la Métaphysique d'Aristote, par Félix Ravaisson. *Paris, Joubert,* 1846, 2 vol. in-8, br.

55. Bacon, sa vie, son temps, sa philosophie et son influence jusqu'à nos jours, par Ch. de Rémusat. *Paris, Didier*, 1857, in-8, br.

56. OEuvres de Bacon, trad. revue, corrigée, par M. F. Riaux. *Paris, Charpentier*, 1843, 2 vol. in-12, br.

57. Histoire de la Philosophie cartésienne, par Francisque Bouillier. *Paris, Durand,* 1854, 2 vol. in-8, br.

58. Histoire de la Philosophie cartésienne, par Fr. Bouillier. *Paris, Delagrave*, 1868, 2 vol. in-8, br.

59. Précurseurs et disciples de Descartes, par Emile Saisset. *Paris, Didier,* 1862. — Histoire de Descartes avant 1637, par Millet. *Paris, Didier,* 1867, in-8, br.

60. B. d. S. (Benedicti de Spinosa) Opera posthuma. *S. l.*, 1677, in-4. v. br.

61. De l'Ethique de Spinosa, par Léon de Montbeillard. *Paris, Joubert,* 1851, in-8, br.

62. Lettres et nouvelles lettres et opuscules inédits de Leibniz, publ. par Foucher de Careil. *Paris*, 1854-57, 2 vol. in-8, br. — Protogée ou de la Formation du globe, par Leibniz, trad. par le doct. Bertrand de Saint-Germain. *Paris, Langlois,* 1859, in-8, br.

63. Rapports sur les études historiques, sur la Philosophie en France, par Ravaisson, sur la Physiologie, par Claude Bernard. *Paris, Impr. impér.*, 1867, 3 vol. gr. in-8, br.

64. Essais de Philosophie, par Charles de Rémusat. *Paris, Ladrange,* 1842, 2 vol. in-8, br.

65. Essais de philosophie et de morale, par Ern. Bersot. *Paris, Didier*, 1864, 2 vol. in-8, br.

66. Cours d'esthétique, par W.-Fr. Hegel, analysé et traduit en partie, par M. Ch. Bénard. *Paris, Aimé André, Joubert et Ladrange*, 1840-51, 5 vol. in-8, br.

67. Réflexions synthétiques, court aperçu de la religion positive ou Religion de l'humanité, par Auguste Comte. *La Haye, Van Cleef*, 1856, in-8, cart. — Notice sur l'œuvre et la vie d'Auguste Comte, par le docteur Robinet. *Paris, Dunod*, 1860, in-8, br. — Auguste Comte et la Philosophie positive, par E. Littré. *Paris, Hachette*, 1863, in-8, br.

68. Science de l'homme, physiologie religieuse (par P. Enfantin). *Paris, V. Masson*, 1858, gr. in-8, broch.

Avec une lettre autographe de l'auteur.

---

69. Martha. Les Moralistes sous l'empire romain. *Paris, Hachette*, 1864, in-8, br. — Le Poëme de Lucrèce. 1869, in-8, br.

70. Pensées de Christine, reine de Suède, avec une notice sur sa vie. *Paris, Renouard*, 1825, in-12, texte encadré, br.

71. De l'Amour, selon les lois premières et selon les convenances des sociétés modernes, par de Sénancour. *Paris, Abel Ledoux*, 1834, 2 vol. in-8, br. — Rêveries, par le même. *Paris, Abel Ledoux*, 1833, in-8, br.

72. Philosophie de la vie, par Frédéric de Schlegel, traduit de l'allemand par l'abbé Guénot. *Paris, Cherbulliez*, 1838, 2 vol. in-8, br.

73. Pensées de Jean-Paul, trad. de l'allemand par le marquis de La Grange. *Paris, Levrault*, 1836, in-8, br.

74. The modern british Essayists. *Philadelphia*, 1850, 8 vol. in-8, cart.

Mackintosh, Alison, Macaulay, Carlyle, Wilson, etc.

75. The popular Education of France, by Matthew Arnold. *London, Longmann*, 1861, in-8, cart.

POLITIQUE. — ÉCONOMIE POLITIQUE.

76. J. Bodin et son temps, tableau des théories politiques au XVIe siècle, par H. Baudrillart. *Paris, Guillaumin*, 1853, in-8, br. — Publicistes modernes, par Henri Baudrillart. *Paris, Didier*, 1862, in-8, br.

77. Cours de politique constitutionnelle, ou collection des ouvrages publiés sur le gouvernement représentatif, par Benjamin Constant, avec des notes, par Ed. Laboulaye. *Paris, Guillaumin*, 1861, 2 vol. in-8, br.

78. Pensées sur divers sujets et discours politiques, par M. de Bonald. *Paris, Ad. Leclère*, 1817, 2 vol. in-8, demi-rel. v. f.

79. Questions de mon temps, questions politiques et financières, par Emile de Girardin, *Paris, Michel Lévy*, 1858-1861, 13 vol. in-8, br.

80. Essais et nouveaux essais de politique et de morale, par Prévost-Paradol. *Paris, Michel Lévy*, 1861, 2 vol. in-8, br.

81. Idée d'une république heureuse, ou l'Utopie de Thomas Morus, par Gueudeville. *Amsterdam, F. L'Honoré*, 1730, in-12, fig., v. ant.

82. De la Démocratie en Amérique, par Alexis de Tocqueville. *Paris, Ch. Gosselin*, 1835, 2 vol. in-8, br.

83. Thomas Jefferson, étude historique sur la démocratie américaine, par Cornelis de Witt. *Paris, Didier*, 1861, in-8, portr. br. — Mélanges philosophiques de Thomas Jefferson, publ. par L.-P. Conseil. *Paris, Paulin*, 1833, 2 vol. in-8, br.

84. OEuvres de Saint-Simon et d'Enfantin. *Paris, Dentu*, 1865, 17 vol. in-8, br.

85. Traité d'économie politique, par J.-B. Say. *Paris, Deterville*, 1819, 2 vol. in-8, br.

86. OEuvres de Proudhon. *Paris, Garnier*, 1849-65, et *Dentu*, 1863-67, 15 vol. in-12 et in-8, br.

De la Justice dans la Révolution et dans l'Église, 1858. — Idées révolutionnaires, 1849. — Les Confessions d'un révolutionnaire, 1852. — Idée générale de la Révolution, 1851. — Du Principe de l'art et de sa destination sociale, 1865. — Organisation du crédit et de la circulation, par Proudhon, 1849. — Résumé de la question sociale, banque d'échange, 1849. — Intérêt et Principal, 1850. — France et Rhin. 1867. — Les Majorats littéraires, 1863. — Du Principe fédératif, 1863. — La Justice poursuivie par l'Église, 1858.

87. La Réforme sociale en France, par Le Play. *Paris, Plon*, 1864, 2 vol. in-8, br.

88. La Réfome sociale en France, par Le Play. *Paris, Dentu*, 1867, 3 vol. in-12, br.

89. Les Ouvriers européens; études sur les travaux, la vie domestique et la condition morale des populations ouvrières de l'Europe, précédées d'un exposé de la méthode d'observation, par M. F. Le Play. *Paris, Impr. impériale*, 1865, in-fol. cart. dos de percal. n. rog.

Avec envoi d'auteur à M. Sainte-Beuve.

90. Les Ouvriers des deux mondes, études, par divers auteurs. *Paris*, 1863, 4 vol. in-8, br.

PHYSIQUE. — HISTOIRE NATURELLE. — MÉDECINE.

91. Lettres d'Euler à une princesse d'Allemagne, sur divers sujets de physique et de philosophie; édition revue et annotée par Labey. *Paris*, 1812, 2 vol. in-8, br.

92. La Terre avant le déluge, par Louis Figuier. *Paris, Hachette*, 1863, gr. in-8, fig., br.

93. Les Mondes imaginaires et les mondes réels, par Camille Flammarion. *Paris, Didier*, 1865, in-8, br. fig. — La Pluralité des mondes habités, par le même. *Paris, Didier*, 1865, in-8, br.

94. Œuvres d'histoire naturelle et de philosophie de Charles Bonnet. *Neuchâtel, S. Fauche*, 1779, 8 vol. in-4, demi-rel. mar. r. n. rog.

95. Principes de philosophie zoologique, discutés en mars 1830 à l'Académie des sciences, par Geoffroy Saint-Hilaire. *Paris, Didier*, 1830, in-8, br.

96. Histoire naturelle de la santé et de la maladie, chez les végétaux et chez les animaux en général, en particulier chez l'homme, par Raspail. *Paris*, 1843, 2 vol. gr. in-8, 12 planch., br.

97. La Médecine et les médecins, par Louis Peisse. *Paris*, *J.-B. Baillière*, 1857, 2 vol. in-12, br.

Lettre autographe de M. Peisse.

98. Les Médecins au temps de Molière; mœurs, institutions, doctrines, par Maurice Raynaud. *Paris, Didier*, 1862, in-8, br.

Envoi d'auteur à M. S.-B.

99. The Anatomy of Melancholy, with all the symptomes and several cures of it, by Democritus junior. *London*, 1826, 2 vol. in-8, fig. demi-rel. v.

100. L'Amulette de Pascal, par Lélut. *Paris*, *J.-B. Baillière*, 1846, in-8, br.

101. Egypte et Palestine, observations médicales et scientifiques, par le Dr Ernest Godard, avec une préface par M. Charles Robin. *Paris*, *V. Masson*, 1867, gr. in-8, br. et atlas in-fol. cart.

102. Sur les Fonctions du cerveau, par Gall. *Paris*, *Baillière*, 1822, 6 vol. in-8, demi-rel. v. ant.

103. Leçons sur les humeurs normales et morbides du corps de l'homme, par Charles Robin. *Paris*, *J.-B. Baillière*, 1867, in-8, figures dans le texte, broch.

104. Traité des maladies chirurgicales et des opérations qui leur conviennent, par le baron Boyer. *Paris*, *Migneret*, 1826, 11 vol. in-8, br.

105. Apologie pour tous les grands personnages qui ont été faussement soupçonnés de magie, par Gabr. Naudé. *Paris, Targa*, 1625, in-8, vélin.

Édition originale, le privilége manque.

BEAUX-ARTS.

106. Gazette des Beaux-Arts. *Paris, juillet* 1866 *à déc.* 1868, 30 livraisons gr. in-8, figures.

L'année 1869 est incomplète.

107. Histoire de la vie et des ouvrages de Michel-Ange Buonarotti, par Quatremère de Quincy. *Paris, F. Didot*, 1835, in-8, portr. et fac-simile d'un dessin à la plume, br.

108. Le Poussin, sa vie et son œuvre, suivi d'une notice sur la vie et les ouvrages de Philippe de Champagne, par H. Bouchitté. *Paris, Didier*, 1858, in-8, br. — Les Andelys et Nicolas Poussin, par E. Gandar. *Paris, veuve J. Renouard*, 1860, in-8, br. (*Envoi d'auteur à M. S.-B.*)

109. Léopold Robert, de 1831 à 1835, par Ch. Berthoud. *Neuchâtel, impr. de H. Wolfrath*, 1869, br. gr. in-8 de 48 pages, avec un fac-simile.

« Très-intéressant. » (*Note et signature de M. S.-B.*)

110. Le Tombeau de Watteau à Nogent-sur-Marne, notice historique sur la vie et la mort d'Antoine Watteau. *Nogent-sur-Marne, et Paris, J. Renouard*, 1865, br. in-8, frontisp. sur pap. de Chine et fig.

L'un des 50 exemplaires en grand papier de Hollande; non mis dans le commerce. Avec envoi à M. Sainte-Beuve.

111. Notice des dessins, cartons, pastels exposés au Louvre, par M. F. Reiset. *Paris, Ch. de Mourgues*, 1866, in-8, papier de Hollande, br.

112. Claudius Popelin. L'Art de l'émail. *Paris, A. Dupuis* (*impr. de Jouaust*), 1868, gr. in-8, pap. de Holl. br.

Avec envoi d'auteur.

113. Habitations lacustres des temps anciens et modernes, par Frédéric Troyon. *Lauzanne, Bridel*, 1860, in-8, 17 planches, br.

114. Dialogue sur la musique des anciens (par l'abbé de Châteauneuf). *Paris, Noel Pissot*, 1725, in-12, fig. v. gr.

Quelques notes marginales au crayon, de M. S.-B.

115. Mémoires, ou Essais sur la musique, par Grétry. *Paris, an V*, 3 vol. in-8, demi-rel.

116. La Musette du Vaudeville, ou Recueil des airs de M. Doche. *Paris, s. d.*, in-8 obl., br.

BELLES-LETTRES.

I. LINGUISTIQUE.

117. Ernest Renan. De l'Origine du langage. — Histoire des langues sémitiques. — Averroès et l'Averroïsme. *Paris, Michel Lévy*, 1855-61, 3 vol. in-8, br.

118. Thèses de grammaire, de littérature et de métrique, par B. Jullien. *Paris, Hachette*, 1855-61, 4 vol. in-8, br.

119. Sylloge scriptorum qui de linguæ græcæ vera pronuntiatione commentarios reliquerunt, aut. Havercampio. *Lugd. Bat.*, 1836, 2 vol. in-8, v. ant. fil. tr. dor.

120. Alexandre. Dictionnaire grec-français. *Paris, Hachette*, 1843, in-8, cart. — Quicherat, Dictionnaire latin-français. 1858, in-8, br.

121. Sanctii Minerva, seu de Causis linguæ latinæ commentarius. *Lipsiæ*, 1801, 2 vol. in-8, v. rac.

122. Lexique grec, français et latin, par Lécluse. *Paris*, 1802, in-8, mar. bl. tr. dor. (*Thouvenin.*)

123. An Essay on the origin and formation of the romance languages, by Cornewall Lewis. *London*, 1862, in-8, cart.

123 *bis*. Glossaire de la langue romane... contenant l'étymologie et la signification des mots usités dans les XIe, XIIe, XIIIe, XIVe, XVe et XVIe siècles, par J.-B.-B. Roquefort. *Paris*, *B. Warée*, *impr. de Crapelet*, 1808, 2 vol. in-8, frontisp. br. — Supplément, par le même. *Paris*, *Chassériau et Hécart*, 1820, in-8. Ensemble, 3 vol. br. (*Trou à un volume.*)

124. Observations sur l'orthographe, ou Ortografie française, par Ambroise Firmin Didot. *Paris*, *Didot*, 1868, in-8, br.

Seconde édition.

125. L'Enterrement du Dictionnaire de l'Académie, ouvrage contenant la réponse et deux cent quinze remarques... (par Furetière). *S. l.*, 1697, in-12, frontisp., bas.

126. Dictionnaire des synonymes de la langue française, par Lafaye (avec le supplément). *Paris*, *Hachette*, 1853-65, 2 vol. gr. in-8, br.

127. Dictionnaire du patois normand, par MM. Edélestand et Alfred Duméril. *Caen*, *B. Mancel*, 1849, in-8, br.

128. Vocabolario della lingua italiana, compilata da Pietro Fanfani. *Firenze*, *Lemonnier*, 1865, gr. in-8, cart.

129. A Dictionary of the english language, by Samuel Johnson. *London*, 1805, 4 vol. in-8, v.

II. RHÉTEURS. — ORATEURS.

130. La Rhétorique d'Aristote, trad. par Norbert Bonafous. *Paris*, *Durand*, 1856, in-8, br.

131. Essai sur les variations du style français au XVIIe siècle, par A. Frémy. *Paris*, *Joubert*, 1843, in-8, br.

132. Histoire de l'éloquence politique et religieuse en France, par M. Géruzez. *Paris*, *J. Augé*, 1837, in-8, br.

133. Œuvres choisies du cardinal Maury. *Paris*, 1827, 5 vol. in-8, br.

134. Recueil des discours prononcés dans les séances publiques et particulières de l'Académie française (1803 à 1859). *Paris*, *Didot*, 1847-59, 6 vol. in-4, br.

III. POÉSIE.

1. *Poëtes anciens grecs et latins.*

135. De Versu Græcorum heroïco, maxime homerico, scripsit Spitzner. *Lipsiæ*, 1816, in-8, demi-rel. mar.

136. Anthologia græca, sive poetarum græcorum lusus, gr., ed. Jacobs. *Lipsiæ*, 1794, 5 vol. in-8, demi-rel. (*Texte seul.*)

137. Anthologie, ou Recueil des plus beaux épigrammes grecs... mis en vers françois... par P. Tamisier (de Mâcon). *Lyon*, 1589, in-8, parch. (*Piqûre de vers.*)

138. Homeri Opera omnia, gr. et lat., cum notis Ernesti. *Lipsiæ*, 1759, 5 vol. in-8, vélin.

139. Carmina homerica, gr., cum prolegomenis, edente Payne Knight. *Londini*, 1820, gr. in-8.

140. Scholia in Homeri Iliadem, ex recensione Imman. Bekkeri. *Berolini*, 1825, in-4, demi-rel.

141. Scholia græca in Homeri Odysseam, ex codicibus aucta et emendata, edidit Gulielmus Dindorfius. *Oxonii, e typogr. academico*, 1855, 2 vol. in-8, cart. en percal.

142. L'Iliade et l'Odyssée d'Homère, trad. en français, avec des remarques, par Mme Dacier. *Paris*, 1741, 8 vol. in-12, fig., v. m.

Aux armes du duc de Chevreuse.

143. Homeri Hymnus in Cererem, edente Ruhnkenio. *Lugd. Bat.*, 1808, in-8, pap. de Holl. v. rac. fil.

144. Homère, Hésiode et autres poëtes grecs, trad. par Leconte de Lisle. *Paris, Lemerre*, 1857-59, 3 vol. gr. in-8, br.

145. Dictionnaire complet d'Homère et des Homérides, par N. Theil. *Paris, Hachette*, 1841, in-8, demi-rel. v. ant.

Envoi aut. sign. de l'auteur, en douze vers latins.

146. Le Sentiment religieux en Grèce d'Homère à Eschyle, par Jules Girard. *Paris, Hachette*, 1869, in-8, br.

147. Les Hommes d'Homère. Essai sur les mœurs de la Grèce aux temps héroïques, par S. Delorme. *Paris, Didier*, 1861, in-8, br.

148. Anacreontis Carmina, gr., ed. Fischerus. *Lipsiæ*, 1783, in-8, demi-rel. v. f.

149. Theocriti Idyllia, gr. et lat., ed. Walckenaer. *Lugd. Bat.*, 1773, in-8, v. f.

150. Theocritus, Bion et Moschus, gr. et lat., recogn. Lehrs. *Parisiis, Didot*, 1846, gr. in-8, br. — Epigrammatum Anthologia Palatina, gr. et lat., ed. Dübner (vol. I). *Parisiis, Didot*, 1864, gr. in-8, broch.

151. Callimachi Hymni, gr. et lat., ed. Ernesti. *Lugd. Bat.*, 1761, 2 vol. in-8, d.-rel.

152. L'Enlèvement d'Hélène, poëme de Coluthus, trad. en français par Stan. Julien. *Paris,* 1823, in-8, br.

153. Quintus Calaber. Prætermissorum ab Homero libri XIV, gr. et lat., curante de Pauw. *Lugd. Bat.,* 1734, in-8, d.-rel. n. rog.

Longue note de M. S.-B. sur la première garde.

154. Chants du peuple, en Grèce, par M. de Marcellus. *Paris, J. Lecoffre,* 1851, 2 vol. in-8, br.

155. Luc. Muelleri de re metrica poetarum latinorum libri VII. *Lipsiæ, Teubner,* 1861, in-8, br.

156. The roman Poets of the republic, by Sellar. *Edimburgh,* 1863, in-8, cart.

157. Anthologia latina, edidit Thackeray. *Londini,* 1865, pet, in-8, cart.

158. Lucretii de rerum natura libri VI (avec une traduction anglaise), edente Munro. *Cambridge,* 1864, 2 vol. in-8, cart.

159. Lucrèce, de la Nature des choses, en vers français, par de Pongerville (texte en regard). *Paris, A. Lechevalier,* 1866, 2 vol. in-8, br.

160. Catulli liber, Lud. Schwabius recognovit. *Gissæ,* 1866, 2 vol. in-8, br.

161. Catulli liber, recognovit Ellis. *Oxonii,* 1867, in-8, fac-simile, cart.

162. Traduction complète des poésies de Catulle, avec des notes, par F. Noel. *Paris, Léger,* 1803, 2 vol. in-8, fig., v. rac. fil.

163. Virgilii Opera, edidit Heyne. *Lipsiæ,* 1788, 4 vol. in-8, v. fil. tr. dor.

164. Virgile, texte avec notes par E. Benoist. *Paris, Hachette,* 1869; 2 vol. in-8, br.

165. Horatii Opera omnia, ex recensione Braunhardi. *Lipsiæ,* 1833, 3 vol. in-8, d.-rel. v. f.

166. Horatii Flacci Carmina, recensuit Peerlkamp. *Harlemi*, 1834, in-8, br.

167. Horatii Carmina, recensuit Peerlkamp. *Amst.*, 1862, in-8, br.

168. Etude morale et littéraire sur les épîtres d'Horace, par J.-A. Estienne. *Paris, L. Hachette*, 1851, in-8, br.

Envoi d'auteur à M. S.-B.

169. Ovide, œuvres complètes avec la traduction française, publiées par Nisard. *Paris*, *Dubochet*, 1850, gr. in-8, br.

170. Tibulli Carmina, curante Heyne. *Lipsiæ*, 1817, 2 vol. in-8, d.-rel. v. f. n. rogn.

171. Tibulli Carmina, ex recensione Lachmanni, explicuit Dissenius. *Gottingæ*, 1835, 2 part. en 1 vol. in-8, d.-rel. mar.

172. Tibulle et les Baisers de Jean Second, traduction nouvelle, suivie de contes et nouvelles, par Mirabeau. *Tours*, *Letourmi*, *an IV*, 3 vol. in-8, fig., v. comp. tr. dor.

Exemplaire en papier vélin.

173. Propertii Elegiarum libri, notis illustravit Hertzberg. *Halis*, 1843, 4 vol. in-8, d.-rel.

174. Persii Satirarum libri, curavit et notis auxit Dübner. *Lipsiæ*, 1833, in-8, d.-rel. v.

175. Satires de Juvénal, trad. par Dusaulx. *Paris*, *Merlin*, 1803, 2 vol. in-8, v. marb. fil.

176. Juvénal et ses Satires, par Auguste Widal. *Paris, Didier*, 1869. — Satires de Juvénal, trad. en vers français, par Jules Lacroix. *Paris, Didot*, 1846, 2 vol. in-8, br.

177. Ausone, trad. nouvelle, par Corpet, avec le texte en regard. *Paris*, *Panckoucke*, 1843, 2 vol. in-8, br.

178. Etudes de mœurs et de critique sur les poëtes latins de la décadence, par D. Nisard. *Paris, Hachette*, 1849, 2 vol. in-8, br.

179. Etudes médicales sur les poëtes latins, par P. Ménière. *Paris, Germer-Baillière*, 1858, in-8, broché.

180. Poésies populaires latines antérieures au XIIe siècle, par M. Edélestand du Méril. *Paris, Brockhaus et Avenarius*, 1843, in-8, br. — Poésies latines du moyen âge, par le même. *Paris, F. Didot*, 1847, in-8, br. — Mélanges archéologiques et littéraires, par le même. *Paris, Franck*, 1850, in-8, br.

Envoi d'auteur à M. S.-B. sur chaque ouvrage.

181. Poésies latines de Roswith, religieuse saxonne du Xe siècle, avec une traduction libre en vers français, par Vignon Rétif de la Bretonne. *Paris, Nap. Chaix*, 1854, in-8, br.

Envoi du traducteur à M. Sainte-Beuve.

182. Joannis Secundi Opera, edente Bosscha. *Ludg. Bat*, 1821, 2 vol. in-8, d.-rel. mar.

2. *Poëtes français.*

183. La Poésie des Troubadours, par Frédéric Diez, trad. de l'allemand et annoté par le baron Ferdinand de Roisin. *Paris, J. Labitte*, 1845, in-8, broché.

184. Histoire de la Croisade contre les hérétiques albigeois, écrite en vers provençaux par un poëte contemporain, et publ. par C. Fauriel. *Paris, Impr. royale*, 1837, in-4, cart.

185. La Croisade contre les Albigeois, épopée nationale, trad. par Mary Lafon. *Paris, libr. internat.*, 1868, in-8, br. — Le Poëme de la Croisade contre les Albigeois, étud. hist. et litt. par Guibal. *Toulouse*, 1863, in-8, br.

186. Histoire poétique de Charlemagne, par Gaston Paris. *Paris, Franck*, 1865, in-8, br.

187. Floire et Blanceflor, poëme du XIIIe siècle, publ. par M. Edélestand Duméril. *Paris, Jannet*, 1856, in-12, cart.

188. Livre d'Amour, ou Folastreries du vieux temps. *Paris, Louis Janet, s.d.* in-12, fig. col., v. bl. orn. tr. dor.

189. Extraits de plusieurs petits poëmes écrits à la fin du XIVe siècle par un prieur du mont St-Michel. *Caen, Mancel*, 1837, gr. in-8, cart.

Tiré à 150 exemplaires.

190. François Villon, sa vie et ses œuvres, par Antoine Campaux. *Paris, A. Durand*, 1859, in-8, broché.

Envoi d'auteur. Nombreuses notes marginales au crayon, de M. S.-B.

191. Poëme inédit de Jehan Marot, publ. avec une introduction et des notes, par Georges Guiffrey. *Paris, Vve Jules Renouard* (*Lyon, imp. de Louis Perrin*), 1860, in-8, pap. teinté, br.

Tiré à petit nombre. Envoi de l'éditeur à M. S.-B.

192. OEuvres inédites de Ronsard, recueillies et publ. par P. Blanchemain. *Paris, Aug. Aubry*, 1855, in-12, br.

193. Les OEuvres et Meslanges poétiques d'Estienne Jodelle, sieur du Lymodin, avec une notice biographique et des notes par Ch. Marty-Laveaux. *Paris, Alph. Lemerre, impr. de Jouaust*, 1868, t. Ier in-8, pap. de Holl. br.

Tiré à 250 exemplaires.

194. Les OEuvres poétiques de Saluste, seigneur du Bartas. *Rouen, Behourt*, 1623, in-12, v. br.

Légères piqûres.

195. L'Art poétique de Jean Vauquelin, sieur de la

Fresnaye (1536-1607), publ. par Ach. Genty. *Paris, Poulet-Malassis*, 1862, in-16, br.

Exemplaire en papier de Chine. Envoi de l'éditeur à M. S.-B.

— Le même, pap. vergé, br.

196. Louanges de la sainte Vierge, composées en rimes latines par saint Bonaventure et mises en vers français par Pierre Corneille. *Rouen, et Paris, chez Gabriel Quinet*, 1665, in-12, frontispice, v. m.

Édition originale. Exemplaire en bon état.

197. L'Office de la sainte Vierge, les Sept Psaumes et les hymnes de l'Eglise, traduits en vers françois par Pierre Corneille. *A Paris, chez Robert Ballard* 1670, in-12, v. gr. (*Fortes piqûres de vers aux cent derniers feuillets.*)

Édition originale.

198. OEuvres de Nicolas Boileau-Despréaux. *Paris, Esprit Billiot*, 1713, 2 vol. in-12, portr. et fig., v. gr.

« C'est la dernière édition que Boileau ait préparée lui-même pour l'impression. L'édition originale de la satire de *l'Equivoque* est reliée dans ce même volume. » (*Note de M. S.-B. sur la garde du tome Ier, avec sa signature.*)

199. OEuvres de Regnier. *Londres* (*Cazin*), 1780, 2 t. en 1 vol. in-24, cart. n. rogn.

199 *bis*. Malherbe. Recherches sur sa vie et critique de ses œuvres, par M. F.-A. de Gournay. *Caen, Hardel*, 1852, in-8, br.

200. Contes et Nouvelles en vers de M. de La Fontaine, texte original, avec notes par Alphonse Pauly. *Paris, Alph. Lemerre, impr. de Jouaust*, 1868, 2 vol. pet. in-12, br. couv. en parch.

Jolie édition, format et caractères elzéviriens.

201. Fables choisies mises en vers par M. de La Fontaine, avec notice et notes par Alphonse Pauly. *Paris, Alph. Lemerre, impr. de D. Jouaust*,

1868, 2 vol. pet. in-12, format elzév., frontisp. à l'eau-forte, br. couv. de parch.

Jolie édition, imprimée en caractères elzéviriens.

202. La Fontaine et les Fabulistes, par M. Saint-Marc Girardin. *Paris, Michel Lévy*, 1867, 2 vol. in-8, br.

202 *bis*. Franceschi. Les Fabuleuses Bêtes du bonhomme. *Paris, Jouaust,* 1869, in-8, br.

Exemplaire sur papier Wathman. Publié au prix de 20 fr.

203. OEuvres complètes de J.-B. Rousseau. *Paris, Déterville*, 1797, 5 vol. in-12, pap. vél., cart. n. rogn.

204. Poésies inédites de Gresset, précédées de recherches sur ses manuscrits, par Victor Beauvillé. *Paris, impr. de J. Claye*, 1863, in-8, br.

205. Almanach des Muses. *Paris, Delalain*, 1766-96, 34 vol. in-18, cart.

206. Divers Poëmes de Lebrun, éditions originales. 15 pièces in-4 et in-8, dans un carton.

Dont : Vers sur la distribution des prix du collége Mazarin. *Paris*, 1748, in-4. — Ode. (L'Amour des Français pour leur roi.) 1749, in-4. — Ode sur le désastre de Lisbonne. — Ode à Buffon. 1779. — Ode patriotique. 1792. — Odes républicaines. *An III*. — Hymne du 21 janvier. — Ode sur l'Etre suprême, etc., etc.

207. Opuscules du chevalier de Parny. (*Paris, Cazin*) 1784, 2 vol. pet. in-12, v. éc. fil. tr. dor.

208. OEuvres diverses d'Evariste Parny. *Paris, Debray*, 1802, 3 vol. in-12, fig. br.

209. Poésies révolutionnaires. *Paris*, 1821, 2 vol. in-18, bas.

210. Histoire de la poésie française à l'époque impériale, par B. Julien. *Paris, Julien*, 1844, 2 vol. in-12, br.

211. La Panhypocrisiade, ou le Spectacle infernal du seizième siècle, par N. Lemercier. *Paris, F. Didot*, 1819. — Supplément, 1822. — 2 vol. in-8, br.

La seconde partie est rare.

212. Les Fleurs, idylles, suivies de poésies diverses, par E. Constant Dubos. *Paris*, *E. Janet*, 1817, in-12, fig. col., cart. n. rogn.

213. Vie, poésies et pensées de Joseph Delorme (par Sainte-Beuve). *Paris*, *Poulet-Malassis*, 1861, pet. in-4, demi-rel. v. f.

214. Les Destinées, poëmes philosophiques, par le comte A. de Vigny. *Paris, Michel Lévy*, 1864, in-8, portr. br.

215. Brizeux. Les Bretons, poëme. *Paris*, *P. Masgana*, 1845, in-8, br. — Primel et Nola (poésies). *Paris, Garnier*, 1852, in-12, br. — Histoires poétiques, suivies d'un essai sur l'art, ou poétique nouvelle. *Paris, V. Lecou*, 1855, in-12, br.

Premières éditions. Envois d'auteur sur chaque ouvrage.

216. Préludes poétiques, par M. de Loy. *Lyon*, 1827, in-8, br.

Exemplaire tiré sur papier de couleur.

217. Poésies, par Jean Polonius (F.-X. de Labenski, Polonais). *Paris*, *Aimé André*, 1827, in-8, br. — Empédocle, vision poétique, suivi d'autres poésies, par Jean Polonius. *Paris*, *Aimé André*, 1829, in-18, br.

218. Mélodies poétiques de la jeunesse, avec des notes, par F.-Z. Collombet. *Paris*, 1833, 4 vol. in-8, br.

219. La République, ou le Livre de sang. *Paris*, *Dentu*, 1836, in-8, br.

Ce sont les principales scènes de la première Révolution, racontées en vers par un royaliste.

220. Pervenches (poésies), par Jules Lacroix. *Paris*, *Delaunay*, 1838, in-16, br. — Poésies, par Amédée Pommier. *Paris*, *A. Ledoux*, 1832, in-16, br.

Envois d'auteurs à M. Sainte-Beuve.

221. Poésies de Emile et Antoni Deschamps. *Paris*, *Delloye*, 1841, 2 vol. in-12, br.

222. Heures de poésie, par Amédée Renée. *Paris, Delloye*, 1841, pet. in-8, demi-rel. chagr. r.

223. Ballades et lais, par Ch. Fournel, avec une préface par Ackermann. *Berlin et Paris*, 1844, in-8, mar. v. tr. dor.

Lettre d'envoi.

224. Poésies lyriques, par Th. Weustenraad. *Bruxelles, A. Decq*, 1848, in-8, br.

225. Poëmes et paysages, par Auguste Lacaussade. *Paris, Marc Ducloux*, 1852, in-12, br.

226. Maxime du Camp. Les Convictions (poésies). *Paris, Libr. nouvelle*, 1858, in-8, br.

Envoi d'auteur avec une lettre à M. S.-B.

227. Contes et poésies de Prosper Jourdan, 1854-1866. *Paris*, 1866, pet. in-8, pap. vergé fort, portr. br.

Avec envoi de l'auteur à M. Sainte-Beuve.

228. Poésies et nouvelles, par madame d'Arbouville. *Paris, Amyot*, 1855, 3 vol. in-8, br.

229. André Lemoyne. Les Roses d'Antan. (*Paris*), *F. Didot*, 1864, in-12, demi-rel. mar. v. tr. dor.

Sign. de M. S.-B.

230. Bluettes et boutades, par J. Petit-Senn. *Genève, impr. de Fick*, 1865, pet. in-8, mar. tr. dor.

231. Le Parnasse contemporain, recueil de vers nouveaux (1866). *Paris, Alphonse Lemerre*, 1866, in-8, br.

232. Sonnets, — Inspirations de voyage, par Louis Goujon. *Paris, Didier*, 1866, pet. in-8, br.

L'un des 10 ex. sur papier teinté. Lettre autogr. d'auteur avec un mot de M. Sainte-Beuve.

233. Fibres intimes, poésies, par Fridolin Werm (J. Greslande). *Paris, Baudry*, 1867, in-8, br.

Envoi d'auteur à M. S.-B.

234. Les Fleurs de mon printemps, poésies, par Gus-

tave Revilliod. *Genève*, *G. Fick*, 1867, in-4, cart. photographies.

235. OEuvres de Charles Baudelaire. *Paris*, *Michel Lévy*, 1869, 4 vol. in-12, br. — Ch. Baudelaire, sa vie et son œuvre, par Ch. Asselineau. *Paris*, *Lemerre*, 1869, in-12, portr. br.

236. Feuillées, par Octave Pirmez. *Paris*, *Dentu*, 1862, in-8, br. — Jours de solitude, par le même. *Paris*, *J. Hetzel*, 1867, in-8, br.

Avec un envoi et une lettre de l'auteur à M. Sainte-Beuve. « Remarquable; à lire. » *(Note de M. S.-B.)*

---

237. Anthologie française, ou choix de chansons publiées par M. Castel. *Paris*, *Brissot*, 1828, 3 vol. in-12, demi-rel. v. br.

238. Le Chansonnier des Grâces. *Paris*, *Louis*, 1797-1833, 37 années en 34 vol. in-12, demi-rel. fig.

239. Le Caveau moderne, ou le Rocher de Cancale, chansonnier de table. *Paris*, 1807-27, 21 vol. in-12, fig. v. m.

240. Chansons populaires des provinces de France, notices par Champfleury, accompagnement de piano par J.-B. Wekerlin. *Paris*, *Libr. nouvelle*, 1860, gr. in-8, frontisp. à l'eau-forte et fig., br.

Envoi de M. Champfleury à M. Sainte-Beuve.

241. Chansons et poésies diverses de A. Désaugiers. *Paris*, *Capelle*, 1810, 2 vol. in-12, v.

242. Chansons et poésies de Désaugiers. *Paris*, *Garnier*, 1842, in-12, fig. demi-rel. chagr. viol.

243. Les Chansons lointaines, poëmes et poésies, par Just Olivier. *Genève*, 1855, in-8, figures sur acier et musique, br.

244. Chansons normandes du XVe siècle, publiées pour la première fois par A. Gasté. *Caen*, *Le Gost-Clérisse*, 1866, in-8 carré, papier vergé, br.

245. Les Macarienes, poëme en vers gascons (publ. par Dezeimeris). *A Nankin, chez Romain Macarony* (*Bordeaux*, 1862), in-8, br.

Tiré à 20 exemplaires.

246. Fréd. Mistral. Calendau, pouémo nouveu. *Avignon, J. Roumanille*, 1867, in-8, portr. br. — Mireio, pouémo prouvençau (avec la traduction littérale en regard). *Avignon, J. Roumanille*, 1859, in-8, br.

Envois signés de l'auteur.

247. Li Parpaioun blu de W.-C. Bonaparte Wyse, pouesio prouvençale. *Avignoun*, 1868, in-8, pap. vergé, phot. br.

248. Poëmes des Bardes bretons du VIe siècle, trad. pour la première fois par Hersart de la Villemarqué. *Paris, Renouard*, 1850, in-8, papier vergé, broché.

3. *Poëtes étrangers.*

249. Fleurs des vieux poëtes liégeois, avec une introd. par M. Peetermans. *Liége, Renard*, 1859, in-12, br. pap. vergé.

Lettre autographe de l'éditeur.

250. Choix de Chansons et poésies wallones, recueillies par (Félix Bailleux et Jos. Dujardin). *Liége*, 1844, in-8, d.-rel.

251. The new Life of Dante, an essay, by Norton. *Cambridge*, 1859, pet. in-8, cart.

Tiré à cent exemplaires.

252. Dandolo, I Secoli di Dante e di Colombo. *Milano*, 1852, 2 vol. in-12, br. — L'Italia nel secolo passato, 1853, 2 vol. in-12, br.

253. Dante, as philosopher, patriot and poet, by Vincenzo Botta. *New-York*, 1865, in-8, cart.

254. Rime di Petrarca, colla interpretazione del

conte Leopardi. *Milano*, 1826, 2 vol. pet. in-12, v. ant.

255. Rimes de Pétrarque, trad. en vers, texte en regard, par Poulenc. *Paris, Lacroix et Verboeckhoeven*, 1865, 4 vol. in-12, d.-rel. m. r. n. rogn. (*Allô*).

256. Opere di Torquato Tasso. *Milano*, 1824, 5 vol. in-8, br.

257. Poesie siciliane dell' abate G. Meli. *Palermo*, 1787, 5 vol. in-12, d.-rel.

258. Opere di G. Meli. *Palermo*, 1839, gr. in-8, broché.

Poésies siciliennes. Notes manuscrites de M. S.-B.

259. Ossian, fils de Fingal, barde du IIIe siècle, poésies galliques, trad. sur l'anglois par M. Le Tourneur. *Paris, Musier*, 1777, 2 vol. in-8, demi-rel. v. gr.

260. Songs and sonnets, by William Shakespeare. *London, Mac Millan*, 1865, pet. in-12, texte enc. cart.

261. OEuvres complettes d'Alexandre Pope, trad. en françois. *Paris, veuve Duchesne*, 1779, 8 vol. in-8, v. m. fil. tr. dor.

262. The Life and Works of William Cooper, edited by Grimshawe. *London*, 1850, gr. in-8, cart.

263. The Works of William Cowper, comprising his poems, etc. *London*, 1853, 8 vol. in-12, cart.

264. The Poetical Works of Coleridge, Shelley and Keats. *Paris, Galignani*, 1829, gr. in-8, cart.

265. The Poetical Works of R. Southey. *Paris, Galignani, w. y.*, in-8, portr. br.

266. The Poetical Works of G. Crabbe. *Paris, Galignani*, 1829, gr. in-8, cart. n. rogn.

267. The Poetical Works of Milman Bowles, Wilson and Barry Cornwall. *Paris, Galignani, w. y.*, gr. in-8, br.

268. The Poetical Works of William Wordsworth. *Paris, Galignani*, 1828, in-8, cart.

369. The Poetical Works of Mrs Felicia Hemans. *Philadelphia*, 1842, in-8, cart.

270. Longfellow. The Golden Legends. *London*, 1851, in-12, cart. — Poetical Works, 1851, in-12, cart.

271. Arnold's poems, Merope, new poems. *London*, 1857-58, 4 vol. in-12, cart.

Lettre autogr. de l'auteur et trad. manuscrite de *Oberon once more*, par M. Lacaussade.

272. The Golden Treasury, or the best songs and lyrical poems in the english language, selected by Fr. Turner. *Cambridge*, 1861, in-12, cart.

Lettre d'envoi de Matth. Arnold.

273. Poems, by the late Ed. Armstrong. *London*, 1865, in-12, cart.

274. Poems, by G. Francis Armstrong. *London*, 1869, in-12, cart.

Exemplaire accompagné d'une lettre d'envoi de l'auteur. Brouillon de la réponse de M. Sainte-Beuve, autographe.

275. Beatrice and others poems, by the H. Roden Noel. *London*, 1868, in-12, cart.

Lettre d'envoi de l'auteur et notes étendues de M. S.-B. sur des feuilles volantes.

276. Les Poëtes contemporains de l'Allemagne, par N. Martin. *Paris, Renouard*, 1846, in-8, br.

277. Poésies populaires de la Kabylie, texte et trad., publ. par Hanoteau. *Paris, Imp. impr.*, 1867, gr. in-8, br.

278. Les Quatrains de Khéyam, trad. du persan par J.-B. Nicolas. *Paris, Imprim. imp.*, 1867, gr. in-8, br.

279. Poésie héroïque des Indiens comparée à l'épopée grecque et romaine, par F. Eichhoff. *Paris, A. Durand*, 1860, in-8, br.

280. Une Tétrade, ou drame, hymne, roman et

poëme trad. du sanscrit, par H. Fauche. *Paris, Durand,* 1861, 3 vol. in-8, b.

281. Savitri, épisode du Mahabharata, trad. du sanscrit par G. Pauthier, *Paris, Curmer,* 1841, in-8, cart.

282. Yajnadattabada, ou la Mort d'Yadjnadatta, épisode extrait du Ramâyana, poëme épique sanscrit, donné avec le texte gravé, une analyse grammaticale très-détaillée, une traduction française et des notes, par A.-L. Chézy. *Paris, F. Didot,* 1826, in-4, br.

283. Poésies de l'époque des Thang, trad. du chinois par le marquis d'Hervey de Saint-Denis. *Paris, Amyot,* 1862, gr. in-8, br.

L'un des douze exemplaires tirés sur grand papier. M. Sainte-Beuve a réuni deux autres ouvrages à ce volume et a écrit sur un feuillet détaché : *Article à faire sur la poésie chinoise et aussi immédiatement après sur les poëtes français ; un convoi de contemporains.*

IV. THÉATRE.

284. Etudes sur les tragiques grecs, par M. Patin. *Paris, Hachette,* 1843, 3 vol. in-8, br.

285. Essai sur la fatalité dans le théâtre grec, par Camboulin. *Paris, Durand,* 1855, in-8, br. — Les Femmes d'Homère, par Camboulin. *Paris, Lecou,* 1854, in-8, br.

286. Etudes sur le théâtre latin, par Maurice Meyer. *Paris, Dezobry,* 1847, in-8, br.

287. Terentii Comœdiæ sex, ed. Zeunius. *Londini,* 1820, 2 vol. in-8, vél.

Lettre aut. de M. Rossignol sur cette édition.

288. Les Comédies de Térence, avec la trad. de Mme Dacier. *Amsterdam,* 1747, 3 vol. in-12, fig. au trait, v. f.

289. Théâtre de Hrotsvitha, religieuse allemande du xe siècle, trad. pour la première fois en français

avec le texte latin, précédé d'une introduction et suivi de notes, par Charles Magnin. *Paris, Benj. Duprat*, 1845, in-8, fig. sur bois, br.

Envoi du traducteur à M. S.-B.

290. La Farce de Maistre Pierre Pathelin, précédée d'un recueil de monuments de l'ancienne langue française, avec une introduction, par Geoffroy Château. *Paris, Amyot*, 1853, in-12, d.-rel.

291. Des Essais dramatiques imités de l'antiquité, au XIVe et au XVe siècle, par A. Chassang. *Paris, Durand*, 1852, in-8, br.

292. La Comédie en France au XVIe siècle, par Emile Chasles. *Paris, Didier*, 1862, in-8, br.

293. Note sur Benoet du Lac, ou le Théâtre et la Bazoche à Aix à la fin du XVIe siècle, par A. Joly. *Lyon, Scheuring*, 1862, in-8, br.

294. Tragédies de Robert Garnier. 1599, in-12, vél.

Le titre manque.

295. Documents historiques sur la Comédie française pendant le règne de S. M. l'empereur Napoléon Ier, précédés de tous les actes constitutifs qui régissent la Société du Théâtre-Français depuis sa fondation, le 25 août 1680, jusqu'à nos jours, par Eugène Laugier. *Paris, F. Didot*, 1853, gr. in-8, br.

Exemplaire en grand papier de Hollande. Envoi d'auteur à M. S.-B.

296. Essai sur les œuvres dramatiques de Jean Rotrou, par J. Jarry. *Lille, L. Quarré et Paris, Durand* (1868), in-8, br.

Envoi d'auteur à M. S.-B.

297. Les Ennemis de Racine au XVIIe siècle, par F. Deltour. *Paris, Ducrocq*, 1865, in-8, br.

298. Théâtre de société (par Collé). *La Haye, Gueffier*, 1786, 3 vol. in-12, v. m.

298 *bis*. Recueil de trente-cinq pièces publ. sur la comédie des *Deux-Gendres*, 1811-1812; rel. en 2 vol. in-8, d.-rel. mar. r.

1er VOLUME : Les Deux Gendres, comédie en cinq actes et en vers, par M. Etienne. *Paris, Le Normant*, 1811. — Conaxa, ou les Gendres dupés, comédie (faite vers 1710). *Paris, Michaud*, 1812. — Critique raisonnée de la comédie intitulée : *les Deux Gendres;* par M. D. J. (Jetphort). *Paris, J.-G. Dentu*, 1812. — Nouveaux Éclaircissements en forme de conversation sur Conaxa et les Deux Gendres. *Paris, Barba*, 1812. — Bataille gagnée et perdue.... ou Réflexions impartiales.... sur *les Deux Gendres* et *Conaxa*, par M. Mordax. *Paris, Dentu*, 1812. — Fin du procès des *Deux Gendres*... par M. H. Hoffman. *Paris, Barba*, 1812. — Les Gouttes d'Hoffman, à l'usage des journalistes petits-maîtres.... par A.-J.-B. Bouvet. *Paris, Dentu*, 1820.— Réponse à M. Hoffman, au dernier examen du procès... *Paris*, 1812. — Vives Escarmouches avec M. Hoffman, par M. Mordax. *Paris, Dentu*, 1812. *(Avec une curieuse planche coloriée.)* — Conaxa et les Deux Gendres, ou Résumé des débats, servant de réponse à M. Hoffman. . par M. D*** E*** N. (Esquiron). *Paris, Dentu*, 1812. — L'Auteur des *Deux Gendres* pris en flagrant délit, ou Réponse au précis de M. Hoffman. *Paris, Dentu*, 1812. — Lettre d'un habitant de Versailles à l'auteur de la Réponse à M. Hoffman. *Paris, Barba*, 1812.

2e VOLUME : Histoire de Jean Conaxa, riche marchand d'Anvers, publiée en 1673, par le R. P. Rinald, jésuite... suivie du parallèle de *Conaxa*, des *Deux Gendres*, des *Fils ingrats* et du *Roi Lear*. *Paris, Germain Mathiot*, 1812. — La Stéphanéide... par Bouvet. *Paris, Dentu*, 1812. — Alonzo, épisode d'un roman espagnol, trouvé à la Bibliothèque impériale, dans le même carton que Conaxa, et traduit par N. L. F. *Paris, G. Mathiot*, 1812.— Mes Révélations sur M. Etienne, par M. Lebrun-Tossa. *Paris, Dentu*, 1812. — Supplément à *Mes Révélations*, par le même. *Paris*, 1812.— Le Secret de M. Lebrun-Tossa, par Henri L.... *Paris, Michaud*, 1812. — Observations sur le jeune homme qui a écrit la comédie intitulée : *les Deux Gendres*. *Paris, Dentu*, 1812. — Petite Lettre sur un grand sujet. *Paris, Martinet, janvier*, 1812.— Lettre d'Alexis Piron à M. Etienne. *Paris*, 1812. — Lettre à M. Etienne, par un habitant de Bar-sur-Ornain. *Paris, Dentu*, 1812. — Lettre de Nicolas Boileau à M. Etienne (par L. F.). *Paris, Le Normant*, 1812. — L'Etiennéide, poëme épico-satirique en deux chants, par M. Ruthiger. *Paris*, 1812. — Apologie de l'auteur des *Deux Gendres* (en vers). *Paris*, 1812. — P'tite Histoire d'un auteur vaniteux (chanson). *S. d.* — Le Martyre de saint Etienne (en vers), par M***. *Paris, Dentu*, 1812. — Coup d'œil impartial sur les *Deux Gendres*, par M. Tiepler. *Paris, Dentu*, 1812.— Appel à l'impartialité dans le procès... *Paris, Delaunay*, 1812. — Epître à l'auteur des *Deux Gendres... Paris, Martinet*, 1812. — Prosopopée à la Bibliothèque impériale, par M. Necrexoris. *Paris, Alex. Johanneau*, 1812. — Epître à l'auteur des *Deux Gendres*. *Paris, Delaunay*, 1812. — Histoire abrégée d'un jeune homme persécuté, potpourri en manière de vers, par Gorinet. *Paris, Dentu*, 1812. — Le Fauteuil de M. Etienne, par M. D. J*** (Jetphort). *Paris, Dentu*, 1812.

« Collection curieuse, provenant de mon ami Ch. Labitte. » *(Note de M. S.-B. avec sa signature.)*

299. OEuvres de Casimir Delavigne. *Paris, Charpentier*, 1840, 4 vol. in-12, br.

300. OEuvres dramatiques de Lucien Arnault, avec une notice biographique. *Paris, Firmin Didot*, 1867, 3 vol. in-8, br.

301. Agnès de Méranie, tragédie en 5 actes et en vers, par Ponsard. — Lucrèce, tragédie en 5 actes, du même auteur. — Agnès de Méranie et les drames de M. Hugo, étudiés et comparés, par A. Dufaï. *Paris, Furne*, 1847; ens. 3 vol. in-8, br.

302. Comédies en vers, par Camille Doucet. *Paris, Michel Lévy*, 1858, 2 vol. in-8, br.

303. Edmond et Jules de Goncourt. Henriette Maréchal, drame en trois actes en prose, précédé d'une histoire de la pièce. *Paris, A. Lacroix*, 1866, in-8, br.

Première édition. Envoi des auteurs à M. S.-B.

304. La Comédie au boudoir, par Maurice de Podestat. *Paris, Lacroix*, 1865, in-12, fig. br.

305. Ahasvérus, par Edgar Quinet. *Paris, bureau de la Revue des Deux-Mondes et Ad. Guyot*, 1834, in-8, br.

Première édition. Exemplaire avec envoi d'auteur à M. Sainte-Beuve.

306. Histoire du théâtre de l'Opéra-Comique (par Des Boulmiers). *Paris, Lacombe*, 1769, 2 vol. in-12, demi-rel. v. f. n. rogn.

307. Scènes populaires, dessinées à la plume par Henry Monnier. *Paris, Dentu*, 1864, in-8, br.

308. A Collection of english miracle-plays or mysteries. *Basel*, 1838, in-8, cart.

309. OEuvres complètes de Shakespeare, trad. par Emile Montégut. *Paris, Hachette*, 1867, 6 vol. in-12, br.

310. Le More de Venise, Othello, tragédie en 5 actes. — Le Marchand de Venise, comédie en 3 actes, par Alfred de Vigny. *Paris, H. Delloye*, 1839, in-8, br.

Envoi d'auteur à M. S.-B.

V. ROMANS.

311. Histoire du roman et de ses rapports avec l'histoire dans l'antiquité grecque et latine, par A. Chassang. *Paris*, *Didier*, 1862, in-8, br.

Envoi d'auteur à M. S.-B., avec un quatrain autographe.

312. Le Livre des Légendes, par Le Roux de Lincy, introduction (et appendices). *Paris*, *Silvestre*, 1836, in-8, br.

313. Les Pastorales de Longus, ou Daphnis et Chloé, trad. d'Amyot, revue par Courier. *Paris, Corréard*, 1821, in-8, fig. demi-rel. v. v.

314. Essai sur la légende d'Alexandre le Grand, par E. Talbot. *Paris*, *Franck*, 1850, in-8, br.

315. Pétrone, latin et françois, trad. entière suivant le manuscrit trouvé à Belgrade en 1688 (par Nodot). *Amsterdam*, 1736, 2 vol. in-12, v. ant.

316. Le Parcival de Wolfram d'Eschenbach et sa légende de saint Graal, par G.-A. Heinrich. *Paris*, *Franck*, 1855, in-8, br.

317. Myrdhin, ou l'Enchanteur Merlin, son histoire, son influence, par le vicomte de Hersart de la Villemarqué. *Paris*, *Didier*, 1862, in-8, br.

318. Les OEuvres de maistre François Rabelais, accompagnées d'une notice sur sa vie et ses ouvrages, d'une étude bibliographique, de variantes..., par Ch. Marty-Laveaux. *Paris*, *Alph. Lemerre*, *impr. de Jouaust*, 1868, tome I, in-8, pap. vergé, br. couv. de parch.

319. Recherches sur les origines et les variations de la légende du Bonhomme Misère, par Champfleury. *Paris*, *Poulet-Malassis*, 1861, br. in-8.

Tiré à 200 exemplaires. Envoi d'auteur à M. S.-B.

320. Etudes sur l'Astrée et sur Honoré d'Urfé,

par Norbert Bonafous. *Paris*, *F. Didot*, 1846, in-8, br.

321. La Vraie Histoire comique de Francion, composée par Charles Sorel. *Paris*, *A. Delahays*, 1858, in-12, rel. toile, n. rogn.

322. Le Roman comique de Scarron, suivi des nouvelles tragi-comiques. *Paris*, 1825, 2 vol. in-8, broch.

323. Œuvres complètes de mesdames de la Fayette et de Tencin. *Paris*, 1804, 5 vol. in-8, demi-rel.

324. Ollivier, poëme (par Cazotte). *S. l.*, 1763, 2 t. en 1 vol. in-12, v.

325. Œuvres complètes de madame de Souza. *Paris*, *Eymery*, 1821, 6 vol. in-8, br.

326. Obermann, par de Sénancourt, avec une préface de Sainte-Beuve. *Paris*, *A. Ledoux*, 1833, 2 vol. in-8, demi-rel. v. r.

327. La Chartreuse de Parme. Promenades dans Rome. — De l'Amour, par de Stendhal. *Paris*, *Michel Lévy*, 1853, 3 vol. in-12, br.

328. Valentine, par G. Sand. *Paris*, *Ch. Gosselin*, 1833, 2 vol. in-8, fig. demi-rel. v.

329. La Religieuse de Toulouse, par Jules Janin. *Paris*, *Michel Lévy*, 1850, 2 vol. in-8, br.

330. Gustave Flaubert. Madame Bovary, mœurs de province. *Paris*, *Mich. Lévy*, 1857, in-12, pap. fort, br.

Première édition. Avec envoi d'auteur à M. S.-B.

331. Champfleury. Les Souffrances du professeur Delteil. *Paris*, 1861, in-12, 4 eaux-fortes, br. — La Succession Le Camus. *Paris*, 1861, in-12, 2 frontisp. gr. à l'eau-forte, br. — La Comédie académique. — La Belle Paule. *Paris*, *Terrasse*, 1867, — Grandes figures d'hier et d'aujourd'hui. Balzac,

Gérard de Nerval, Wagner, Courbet. *Paris*, *Poulet-Malassis*, 1861, in-12, frontisp. gr. à l'eau-forte, br. (*Envoi d'auteur à M. S.-B.*)

332. Romans, comédies et proverbes d'Octave Feuillet. *Paris*, *Michel Lévy*, 1861, 5 vol. in-12, br.

333. Edmond About. Madelon. *Paris*, *L. Hachette*, 1863, in-8, br. — La Vieille Roche. Le Mari imprévu. *Paris*, *L. Hachette*, 1865, in-8, br. — Le Progrès. *Paris*, *Hachette*, 1864, in-8, br.

Envois d'auteur à M. S.-B.

334. Renée Mauperrin, par Ed. et J. de Goncourt. *Paris*, 1864, in-12, br. (*Un des dix exempl. sur pap. de Hollande.*) — Madame Gervaisais, par les mêmes. *Paris*, *libr. internationale*, *Lacroix*, *Verboeckoven*, 1869, in-8, br.

Envois des auteurs à M. S.-B.

335. Le Maudit, par l'abbé ***. *Paris*, *Lacroix*, 1864, 3 vol. in-8, br.

336. Erckmann-Chatrian. Histoire d'un conscrit de 1813. *Paris*, *Hetzel*, in-12, br.

Notes mss. de M. Sainte-Beuve.

337. Le Régiment fantastique, par Victor Dazus. *Paris*, 1868, in-8, br. (*Papier jonquille.*)

338. Les Cent Nouvelles nouvelles, édition précédée d'une introduction par M. Le Roux de Lincy. *Paris*, *Paulin*, 1841, 2 vol. in-12, br.

339. Le Népenthès, contes, nouvelles et critiques, par M. Loève-Veimars. *Paris*, *Ladvocat*, 1833, 2 vol. in-8, br.

340. Topffer. Nouvelles et mélanges. — L'Héritage. Voyages et Aventures du docteur Festus. — Histoire de Jules. — Réflexions et menus propos d'un peintre génevois. 3 livres. *Genève*, 1833-34 et 1840. En tout 7 vol. in-8, br.

341. Le Presbytère, par Toppfer. *Genève*, 1839, 2 vol. in-8, br.

Édition originale.

342. Le Presbytère. Réflexions et menus propos d'un peintre génevois, par Toppfer. *Paris, Lecou, s. d.*, 2 vol. in-12, br.

343. Le Sabot de Noël, légende, par Aimé Giron, compositions et gravures par Léopold Flameng, avec une préface par Jules Janin. *Paris, Eug. Ducroq, s. d.*, gr. in-8, fig. br.

344. Scènes de la vie orientale, par Gérard de Nerval. *Paris, H. Souverain*, 1850, 2 vol. in-8, br.

345. L'Ingénieux Chevalier don Quichotte de la Manche, par Michel Cervantès, trad. nouvelle. *Paris, Furne*, 1858, 2 vol. in-8, br.

346. Vie et Opinions de Tristram Shandy, suivies du Voyage sentimental, par Sterne, trad. nouv. par Léon de Wailly. *Paris, Charpentier*, 1858, 2 vol. in-12, br.

347. Old Town folks, by Harriet Beecher Stowe. *London*, 1869, 3 vol. pet. in-8, cartonnés.

348. La Prairie du Jacinto, roman traduit de l'allemand de Charles Sealsfield, par Gustave Revilliod. *Genève, Fick*, 1861, in-8, cartonné.

349. Les Deux Cousines. — Les Deux Jeunes Filles lettrées, romans chinois, trad. par Stanislas Julien. *Paris, Didier*, 1864, 4 vol. in-12, br.

VI. PHILOLOGIE.

Critiques; Satires.

350. Cours de littérature ancienne et moderne, par J.-F. La Harpe. *Paris, Ledentu*, 1826, 18 vol. in-8, demi-rel. bas.

351. Cours de littérature profane et sacrée, par F. Collombet. *Paris*, 1833, 4 vol. in-8, br.

352. Egger. Essai sur l'histoire de la critique chez les Grecs. *Paris, Durand*, 1849, in-8, br.

Cet ouvrage contient la Poétique d'Aristote, avec la traduction française.

353. Auli Gellii Noctium Atticarum libri, edente Gronovio. *Lugd. Bat.*, 1706, in-4, vél.

354. OEuvres de Macrobe, trad. par Ch. de Rosoy. *Paris, Firmin Didot*, 1827, 2 vol. in-8, demi-rel. v. r.

355. Wyttenbachii Opuscula. *Lugd. Bat.*, 1821, 2 vol. in-8, demi-rel.

356. Wyttenbachii Opuscula selecta, edidit Friedmann. *Brunswigæ*, 1825, 2 vol. in 8, demi-rel. v.

357. Wyttenbachii epistolarum selectarum fasciculi III, editi a Mahne. *Gandavi*, 1830, 3 part. en 1 vol. in-8, d.-rel. n. rogn.

358. Bibliotheca critica (authore Wyttenbach). *Amst.*, 1779, 3 vol. in-8, v. rac. fil.

359. Bibliotheca critica nova, edentibus Bake, Hamaker, Peerlkamp. *Lugd. Bat.*, 1825, 4 vol. in-8, rel.

360. Cours de littérature française, par M. Villemain. (Tableau du XVIIIe siècle.) *Paris, Didier*, 1829, 3 vol. in-8, br.

361. Mélanges de littérature ancienne et moderne, par Patin. *Paris, Hachette*, 1840, in-8 br. — Histoire de la querelle des anciens et des modernes, par H. Rigault. *Paris, Hachette*, 1856, in-8, broché.

362. Critique littéraire sous le premier empire, par Boissonade, publ. par Colincamp. *Paris, Didier*, 1863, 2 vol. in-8, br.

363. Mélanges de philosophie, d'histoire et de littérature, par de Féletz. *Paris*, 1830, 6 vol. in-8, br.

364. Mélanges de littérature et de critique, par M. Ch. Nodier. *Paris, Raymond*, 1820, 2 vol. in-8, demi-rel. v. gr.

365. Matanasiennes, lettres suivies de notes sur des riens philologiques, par un petit-neveu du prieur

Ogier (P. Hostain, notaire à Lyon). *Lyon, impr. de Charvin*, 1837, br. in-8.

Exemplaire de l'auteur, avec une longue note autographe sur la dernière garde, contenant des additions et des rectifications.

366. Causeries et méditations historiques et littéraires, par Charles Magnin. *Paris, Benjamin Duprat*, 1843, 2 vol. in-8, br.

367. Portraits et notices historiques et littéraires, par M. Mignet. *Paris, Didier*, 1852, 2 vol. in-8, br.

368. Dernières Etudes historiques et littéraires, par Cuvillier-Fleury. *Paris, Michel Lévy*, 1859, 2 vol. in-12, br.

369. Edouard Fournier. Le Roman de Molière. — La Comédie de La Bruyère. — L'Esprit dans l'histoire. *Paris, Dentu*, 1863-67, 4 vol. petit in-12, br.

Quelques notes au crayon.

370. Emile Deschanel. Le Bien et le mal qu'on a dit des femmes. — Le Bien et le mal qu'on a dit des enfants. — Les Courtisanes grecques. — Histoire de la conversation. *Paris, Michel Lévy*, 1857-59, 5 vol. in-18, br.

371. Mélanges d'histoire religieuse, par Edmond Scherer. *Paris, Michel Lévy*, 1864, in-8, br.

372. Mélanges religieux, historiques, politiques et littéraires, par Louis Veuillot. *Paris, Vivès*, 1859-61 (1re et 2e série), 12 vol. in-8, br.

373. Disraéli. Curiosities of litterature. — Miscellanies of litterature. — Amenities of litterature. *Paris, Baudry*, 1841, 7 vol. in-8, br.

374. Essays in criticism, by Matthew Arnold. *London*, 1865, pet. in-8, cart.

375. Essays, biographical and critical, or studies of character, by Tuckerman. *Boston*, 1857, gr. in-8, cart.

Lettre d'envoi de l'auteur et brouillon de la réponse, 4 pages in-12, autogr. de M. S.-B.

376. Cymbalum mundi, ou dialogues satiriques sur différens sujets, par Bonaventure Des Periers, avec l'Apologie de l'ouvrage, par Prosper Marchand. *Amst.*, 1732, in-12, v. br.

377. Dictionnaire des proverbes français (pàr de la Mésangère). *Paris, Treuttel*, 1821, in-8, demi-rel. v.

VII. ÉPISTOLAIRES.

378. Aristæneti Epistolæ, gr., edidit Boissonade. *Lutetiæ*, 1822, gr. in-8, br.

379. Billets que Cicéron a escrits tant à ses amis communs qu'à Attique son amy particulier (trad. par Th. Guyot). Avec une méthode en forme de préface pour conduire un escolier dans les lettres humaines. *A Paris, chés la veuve de Claude Thiboust*, 1668, in-12, mar. r. fil. tr. dor.

Avec la signature de M. Sainte-Beuve sur le titre, des marques au crayon et une note marginale de sa main, dans *l'Avis au Lecteur*. Sur la garde, à la fin du volume, la traduction manuscrite en vers français d'une ode d'Anacréon.

Exemplaire de dédicace, aux armes du chevalier de Rohan, fils du duc de Montbazon.

380. Lettres de Jean Calvin, publ. par Jules Bonnet. *Paris, Meyrueis*, 1854, 2 vol. in-8, br.

Lettres françaises.

381. Lettres inédites de Michel de Montaigne et de quelques autres personnages pour servir à l'histoire du XVIe siècle, publ. par Feuillet de Conches. *Paris, H. Plon*, 1863, in-8, br.

382. Lettres du cardinal d'Ossat avec des notes de M. Amelot de la Houssaie. *Amsterdam, P. Humbert*, 1714, 5 vol. in-12, v. ant.

383. Lettres de la sainte mère Jeanne-Françoise Frémyot, baronne de Rabutin Chantal, publ. et annotées par Edouard de Barthélemy. *Paris, J. Lecoffre*, 1860, 2 vol. in-8, br.

384. Lettres de la mère Agnès Arnauld, abbesse de Port-Royal, avec une introduction par P. Faugère. *Paris*, *Benjamin Duprat*, 1858, 2 vol. in-8, brochés.

385. Lettres de Bussy-Rabutin. *Amst.*, 1738, 6 vol. in-12, portr. demi-rel.

386. Lettres historiques et édifiantes par Mme de Maintenon. *Paris*, *Charpentier*, 1856, 2 vol. in-12, br. — Lettres et Entretiens sur l'éducation des filles, par Mme de Maintenon. *Paris*, *Charpentier*, 1855, 2 vol. in-12, br.

387. Lettres inédites de Mme de Maintenon et de la princesse des Ursins. *Paris*, *Bossange*, 1826, 4 vol. in-8, br.

388. Lettres inédites de la princesse des Ursins, recueillies et publiées avec une introduction et des notes par M. A. Geffroy. *Paris*, *Didier*, 1859, in-8, br. — La Princesse des Ursins, essai sur sa vie par F. Combes. *Paris*, *Didier*, 1858, in-8. br.

Quelques remarques au crayon de M. S.-B.

389. Lettres et Opuscules inédits de Fénelon. *Paris*, *A. Le Clère*, 1850, in-8, br.

390. Correspondance complète de Mme la duchesse d'Orléans (la princesse Palatine), publ. par G. Brunet. *Paris*, *Charpentier*, 1855, 2 vol. in-12, brochés.

391. Correspondance inédite de Mabillon et de Montfaucon, avec l'Italie, publ. par M. Valery. *Paris*, *Guilbert*, 1847, 3 vol. in-8, br.

392. Lettres inédites de Voltaire, recueillies par de Cayrol, avec une préface par St-Marc Girardin. *Paris*, *Didier*, 1866, 2 vol. in-8, br.

393. Lettres choisies de Voltaire, accompagnées de notes, par Eug. Fallex. *Paris*, *Delagrave*, 1867, 2 vol. in-8, br.

394. Correspondance originale et inédite de J.-J. Rousseau avec Mme Latour de Franqueville. *Paris*, *Giguet*, 1803, 2 vol. in-8, v. m.

395. Lettres inédites de J.-J. Rousseau à Marc-Michel Rey, publ. par Bosscha. *Amsterdam*, *Muller*, 1858, in-8, br.

396. Lettres de Mlle de Lespinasse. *Paris*, *Collin*, 1809, 2 vol. in-8, demi-rel.

397. Correspondance inédite de l'abbé Galiani, précédée d'une notice par Mercier de St-Léger. *Paris*, *Treuttel*, 1818, 2 vol. in-8, br.

398. Correspondance inédite de Collé, faisant suite à son journal, accompagnée de fragments inédits de ses œuvres, avec une introduction et des notes, par Honoré Bonhomme. *Paris*, *H. Plon*, 1864, in-8, portr. et deux fac-simile, br.

Plusieurs notes marginales au crayon de M. S.-B.

399. Lettres écrites en 1786 et 1787 (par la princesse Louise de Condé), publ. par le marquis de la Gervaisais. Seconde édition. *Paris*, *Benjamin Duprat*, 1838, gr. in-12, fac-simile, br.

400. Lettres originales de Mirabeau, écrites du donjon de Vincennes et recueillies par P. Manuel. *Paris*, *Garnery*, 1792, 4 vol. in-8, v. r.

401. Lettres philosophiques, politiques et littéraires, par Fr. Grille. *Paris*, *Techener*, 1851, in-8, br.

402. Lettres de madame Swetchine, publiées par le comte de Falloux. *Paris*, *Didier*, 1862, 2 vol. in-8, br. — Correspondance du P. Lacordaire et de madame Swetchine, publ. par le même. *Paris*, 1864, in-8, br. — Lettres inédites. *Paris*, *Vaton*, 1866, in-8, br. — Madame Swetchine, sa vie et ses œuvres, par le comte de Falloux. *Paris*, *Vaton*, 1860, 2 vol. in-8, br. — Journal de sa conversion. *Paris*, *Didier*, 1863, in-8, br.

403. Lettres historiques, politiques et particulières

du vicomte Bolingbroke (1710-1736). *Paris, Dentu*, 1808, 3 vol. in-8, br.

404. Lettres de lord Chesterfield à son fils Stanhope; traduction revue par M. Amédée Renée. *Paris*, 1842, 2 vol. in-12 br.

405. The Letters of Horace Walpole. *Philadelphia*, 1842, 4 vol. in-8, cart.

406. Private Correspondence of David Hume. *London*, 1820, in-4, cart.

407. Life and correspondence of David Hume, from original sources, by J. H. Burton. *Edimburgh*, 1846, 2 vol. in-8, cart.

408. The Private Correspondence of David Garrick. *London, H. Colburn*, 1832, 2 vol. gr. in-4, v. rac.

VIII. POLYGRAPHES.

409. Mureti Opera omnia, edente Ruhnkenio. *Lugd. Bat.*, 1789, 4 vol. in-8, demi-rel. n. rogn.

Il y a dans le tome deuxième le commentaire, en français, de Muret sur les Amours de Ronsard.

410. OEuvres choisies d'Estienne Pasquier, nouv. édit., avec des notes par Léon Feugère. — Essai sur la vie et les ouvrages d'Estienne Pasquier, par Léon Feugère. *Paris, Firmin Didot*, 1848, 3 vol. in-12, br.

411. OEuvres de Voiture. Lettres et poésies; édition revue par A. Ubicini. *Paris, Charpentier*, 1855, 2 vol. in-12, br.

412. OEuvres inédites de J. de La Fontaine, recueillies par M. Paul Lacroix. *Paris, Hachette*, 1863, in-8, br. — Nouvelles OEuvres inédites, 1868, in-8, br.

413. OEuvres posthumes du chevalier de Méré. *Paris*, 1700, in-12, v. br.

414. Recueil de divers ouvrages en prose et en vers (par Perrault). *Paris, Guill. de Luynes*, 1675, in-4, v. ant. (*Titre raccommodé.*)

415. OEuvres choisies de Bernard de la Monnoye. *La Haye, Charles Le Vier*, 1770, 2 vol. in-4, v. m.

416. Les OEuvres de Houdar de La Motte. *Paris, Prault*, 1754, 10 t. en 11 vol. in-12, pap. fort, v. f. (*Anc. rel.*)

417. Recueil de divers ouvrages philosophiques, théologiques, par le R. P. Daniel. *Paris, Denis Mariette*, 1724, 3 vol. in-4, v. m.

418. OEuvres de Montesquieu. *Paris, Belin*, 1817, 2 vol. in-8, demi-rel. v. f.

Notes au crayon de M. S.-B.

419. OEuvres de Duclos. *Paris, Belin*, 1821, 3 vol. in-8, demi-rel. v. f.

420. OEuvres complètes de Marivaux. *Paris, Duchesne*, 1781, 12 vol. in-8, portrait, v. m.

421. OEuvres et Correspondance inédites de J.-J. Rousseau, publiées par M. G. Streickeisen-Moulton. *Paris, Mich. Lévy*, 1861, in-8, br. (*Notes marginales au crayon, de M. S.-B.*) — Essai sur la vie et le caractère de J.-J. Rousseau, par G.-H. Morin. *Paris, Ledoyen*, 1851, in-8, br.

422. OEuvres de Turgot. *Paris, Belin*, 1811, 9 vol. in-8, v. m.

423. OEuvres inédites de P.-J. Grosley. *Paris, Patris*, 1813, 3 vol. in-8. — Vie de J. Grosley (par lui-même et par l'abbé Maydieu). *Paris*, 1787, in-8, br.

424. OEuvres complètes de Condillac. *Paris, Dufart*, 1803, 32 tomes en 22 vol. in-12, demi-rel. v. f.

425. OEuvres de Thomas. *Paris, Belin*, 1819, 2 vol. in-8, demi-rel. v. f.

426. OEuvres de d'Alembert. *Paris*, *Belin*, 1822, 5 vol. in-8, demi-rel. v. f.

427. OEuvres inédites de Denis Diderot, précédées d'un fragment sur les ouvrages de l'auteur par Goethe. *Paris, Brière,* 1821, in-8. br.

428. Mémoires, correspondance et ouvrages inédits de Diderot. *Paris*, *Paulin*, 1831, 4 tomes en 2 vol. in-8, demi-rel. v. ant.

429. Madame d'Epinay. Lettres à mon fils. — Mes Moments heureux; — publ. par M. Challemel-Lacour. *Paris*, *A. Sauton*, 1869, 2 vol. in-12, papier vergé, br.

430. OEuvres de Marmontel. *Paris*, *Belin*, 1820, 7 vol. in-8, demi-rel. v. f.

Notes au crayon de M. S.-B.

431. OEuvres de Chamfort. *Paris*, *an III*, 4 vol. in-8, bas.

Notes au crayon.

432. OEuvres complètes de Chamfort, recueillies et publiées par P.-R. Auguis. *Paris*, *Chaumerot*, 1825, 5 vol. in-8, demi-rel. v. f.

433. OEuvres de J.-J. Barthélemy. *Paris*, *Belin*, 1821, 4 vol. in-8, et atlas in-4 obl., br.

434. OEuvres complètes de Rivarol. *Paris*, *Colin*, 1808, 5 vol. in-8, v. rac.

435. OEuvres complètes de P. Caron de Beaumarchais. *Paris, Collin,* 1809, 7 vol. in-8, br.

436. OEuvres de Bernardin de Saint-Pierre, publ. par L. Aimé-Martin. *Paris*, *Ledentu*, 1840, 2 vol. in-8, portrait, br.

437. Correspondance inédite et Mémoires sur la vie et les ouvrages de Bernardin de Saint-Pierre, publ. par L. Aimé-Martin. *Paris, Ladvocat,* 1826, 4 vol. gr. in-8, br.

Notes au crayon.

438. OEuvres complètes de M. Necker, publ. par le baron de Staël. *Paris*, *Treuttel*, 1820, 15 vol. in-8, br.

439. Recueil d'opuscules en vers et en prose, par Fontanes. In-4 et in-8, dans un portefeuille.

Chant du 14 juillet, 1800. — Le Verger, poëme. *Paris*, 1788. — Anecdotes relatives à Louis XVI. — Eloge funèbre de Washington. 1800. — Réfutation d'un ouvrage ayant pour titre : de la Littérature, par Mme de Staël. *Paris*, *an VIII*. — Collection complète des discours de Fontanes. — Histoire du siége de Lyon. (*Extr. des Mém. de Fontanes, manuscrit.*) Et autres pièces manuscrites et imprimées. Parmi les pièces manuscrites se trouve un cahier composé de pièces de vers de Fontanes sur lesquelles M. Sainte-Beuve a écrit ce mot : *inédit*. Un autre cahier contient des notes de la main de M. S.-B. sur Fontanes et sur ses ouvrages.

440. OEuvres de Rœderer. *Paris*, *an X* à 1827, 6 vol. in-8, v. v. et demi-rel.

Opuscules. — Comédies historiques. — Le Budget de Henri III. — La Saint-Barthélemy.

Quelques notes de M. S.-B.

441. La Famille Rœderer (1776 à 1790). Notice par Ant. Rœderer, ancien pair de France. *Paris*, *Didot*, 1849, in-8, br.

Tiré à cent exemplaires et non mis dans le commerce.

442. Mélanges de littérature et de philosophie du XVIIIe siècle, par M. l'abbé Morellet. *Paris*, *Le Bailly*, 1836, 4 vol. in-8, br.

443. OEuvres de Lemontey (y compris l'Histoire de la Régence). *Paris*, *Sautelet*, 1829, 7 vol. in-8, demi-rel. v.

444. Chateaubriand. OEuvres complètes. *Paris*, *Ladvocat*, 1826-31, 28 tomes en 32 vol. in-8, br.

Les tomes 6 et 7 sont de l'édition de Dupont, 1820. On a joint à cet exemplaire 16 opuscules du temps pour et contre Chateaubriand.

445. Chateaubriand et son temps, par le comte de Marcellus. *Paris*, *Mich. Lévy*, 1859, in-8, br.

Quelques notes marginales au crayon, de M. S.-B.

446. OEuvres d'Hoffmann. *Paris*, *Lefebvre*, 1829, 10 vol. in-8, br.

447. OEuvres choisies de Charles Loyson, publiées par Emile Guinaud, avec une lettres du R. P. Hya-

cinthe, des notices biographique et littéraire par MM. Patin et Sainte-Beuve. *Paris*, *J. Albanel*, 1869, in-8, portr. gr. par Léop. Flameng, br.

Exemplaire en papier de Hollande.

448. Mélanges scientifiques et littéraires, par J.-B. Biot. *Paris*, *Michel Lévy*, 1858, 3 vol. in-8, br.

449. Essais divers, lettres et pensées de madame de Tracy (publ. par M. A. Teulet). *Paris*, *typogr. de Plon*, 1852, 3 vol. in-12, br.

Cet ouvrage n'a pas été mis dans le commerce.

450. Littérature, voyages et poésies, par J.-J. Ampère. *Paris*, *Didier*, 1850, 2 vol. in-12, br. — La Grèce, Rome et Dante, études littéraires, par le même. *Paris*, *Didier*, 1848, in-12, br.

Envois de l'auteur à M. S.-B. sur chaque ouvrage.

451. OEuvres de Léonard Baulacre, anc. bibliothécaire de Genève, recueillies par Edouard Mallet. *Genève*, 1857, 2 vol. in-8, br.

452. Maurice de Guérin. Journal, lettres et poëmes, publ. par G.-S. Trébutien et précédés d'une étude biog. par M. Sainte-Beuve. *Paris*, *Didier*, 1862, in-8, br.

453. Reliquiæ, par Eugénie de Guérin, publ. par J. Barbey d'Aurevilly et par G.-S. Trébutien. *Caen*, *Hardel*, 1855, in-12, br.

Papier de Hollande. Tiré à petit nombre.

454. Eugénie de Guérin, journal et lettres, publiés par G.-S. Trébutien. *Paris*, *Didier*, 1862, in-8, br. — Lettres d'Eugénie de Guérin, publ. par le même. *Paris*, *Didier*, 1865, in-8, br.

Exemplaire en papier de Hollande.

455. Louis de Cormenin. Reliquiæ. *Paris*, *Pillet*, 1868, 2 vol. in-8, br.

456. OEuvres complètes d'Alexis de Tocqueville. *Paris*, 1866, 9 vol. in-8, br.

457. OEuvres complètes de Rigault, précédées d'une notice biogr. et littér., par Saint-Marc Girardin. *Paris, Hachette*, 1859, 4 vol. in-8, br.

458. Souvenir d'Emmanuel (Recueil d'opuscules d'Emmanuel Garnier, mort à vingt-deux ans, précédé d'une notice, par son père, M. Ad. Garnier). *Lyon, impr. de L. Perrin*, 1861, gr. in-8, portr. phot. br.

Ce volume, tiré à petit nombre, n'a pas été mis dans le commerce.

459. OEuvres posthumes de Frédéric II, roi de Prusse. *Berlin, Vass*, 1788, 16 t. en 8 vol. in-8, demi-rel. v.

460. OEuvres du prince de Ligne, précédées d'une introduction par Albert Lacroix. *Bruxelles*, 1860, 5 vol. in-12, br.

461. OEuvres de Machiavel, trad. par Guiraudet. *Paris, Potey, an VII*, 9 vol. in-8, v. rac.

462. Essai sur les OEuvres et la doctrine de Machiavel, avec la trad. littérale du Prince par Paul Deltuf. *Paris, Reinwald*, 1867, in-8. br.

463. Opere di Giuseppe Parini, publicate ed illustrate da Fr. Reina. *Milano*, 1803, 6 t. en 3 vol. in-8, demi-rel. v.

464. Leopardi. Opere, 1845, 2 vol. — Errori popolari degli antichi. 1846. — Studi filologici, 1845, 4 vol. in-12, br.

465. The Works of the right honorable Joseph Addison. *London*, 1721, 4 vol. in-4, portr. v.

466. Miscellaneous works of Edward Gibbon, with notes by John lord Sheffield. *London, Strahan*, 1796, 2 vol. gr. in-4, fig., v. rac. fil.

Note manuscrite.

467. Memoirs of the life and writings of Benjamin Franklin. *London*, 1833, 6 vol. in-8, cart. portr.

468. OEuvres de Salomon Gessner. *Paris, Bossange*, 1797, 3 vol. pet. in-12, fig., br.

469. OEuvres de Henri Heine. Reisebilder; tableaux de voyage. *Paris, Eugène Renduel,* 1834, 2 vol. in-8, br.

Première édition. Tomes II et III des œuvres de H. Heine.

IX. COLLECTIONS ET MÉLANGES.

470. Mélanges de littérature grecque. — Recueil d'opuscules de MM. Egger, Havet, Adert, Ravaisson, Berger, Siebelis, Ritter, Wallon, etc. Env. 100 br. en 10 vol. in-8, demi-rel. ch.

Recueil formé par Charles Labitte.

471. De la Collection des classiques latins publ. par Barbou. *Paris,* 1754 *et années suivantes,* 15 vol. in-12, v. m. fil. dor.

Pline le Jeune, Martial, Phèdre, Lucrèce, Sénèque, Catulle, Lucain, etc.

472. De la Collection des classiques français. *Paris, Lefèvre,* 1844 *et années suivantes,* 25 vol. in-12, demi-rel. mar.

473. Bibliothèque nationale. *Paris,* 1867 *et années suivantes,* 100 vol. in-18, br.

474. Pièces intéressantes et peu connues, pour servir à l'histoire et à la littérature, par M. D. L. P. (De La Place). *Bruxelles, Prault,* 1790, 8 vol. in-12, br. n. rogn.

475. Le Trésor littéraire de la France, Recueil de morceaux en prose empruntés aux écrivains les plus renommés, publ. par la Société des gens de lettre. *Paris, Hachette,* 1866, gr. in-8, 40 pl. br.

HISTOIRE.

I. VOYAGES.

476. Nouveaux Voyages en zigzag, par R. Töpffer, précédés d'une notice par Sainte-Beuve. *Paris, V. Lecou*, 1854, in-8, br. (Fig. de Calame, d'Aubigny, etc. d'après Töpffer.)

477. Observations faites dans les Pyrénées, par Ramond. *Paris, Belin*, 1789, in-8, cartes, bas.

Sign. S.-B.

478. Voyages au Mont-Perdu et dans la partie adjacente des Hautes-Pyrénées, par Ramond. *Paris*, 1801, in-8, d.-rel. fig.

479. Journal du Voyage de Michel de Montaigne en Italie, par la Suisse et l'Allemagne, en 1580 et 1581, avec des notes par M. (Meusnier) de Querlon. *A Rome, et se trouve à Paris chez Le Jay*, 1774, in-4, portr. gr. par St-Aubin, v. m.

Avec de nombreuses notes marginales au crayon, et quelques notes détachées, de la main de M. Sainte-Beuve.

480. Voyage sur la scène des six derniers livres de l'Enéide, suivi de quelques observations sur le Latium moderne, par Ch.-V. de Bonstetten. *Genève, J.-J. Paschoud, an XIII*, in-8, cart., br.

Sign. et deux notes au crayon de M. S.-B.

481. L'Italie, il y a cent ans, ou lettres écrites d'Italie à quelques amis en 1739 et 1740, par Charles de Brosses, publ. par R. Colomb. *Paris, Levavasseur*, 1836, 2 vol. in-8, br.

482. Le Président de Brosses en Italie. Lettres familières; seconde édition, publ. par Colomb. *Paris, Didier*, 1858, 2 vol. in-8, br.

483. Voyages en Italie, par M. Valery. *Paris, Aimé André*, 1838, 3 vol. in-8, br.

Notes au crayon de M. S.-B.

484. Notes of travels and study in Italy, by El. Norton. *Boston*, 1860, in-12, cart.

485. Voyage en Italie, par H. Taine. *Paris, L. Hachette*, 1866, 2 vol. in-8, br.

486. Campagne de Rome, par Ch. Didier. *Paris, J. Labitte*, 1842, in-8, br.

487. Voyage en Russie, par Th. Gautier. *Paris, Charpentier*, 1866, 2 vol. in-12, br.

488. Souvenirs de l'Orient, par le vicomte de Marcellus. *Paris, Debécourt*, 1839, 2 vol. in-8, br. — Episodes littéraires en Orient. *Paris, Lecoffre*, 1851, 2 vol. in-8, br.

489. Voyage de La Troade, par J.-B. Lechevalier. *Paris, Dentu*, 1802, 3 vol. in-8, et atlas in-4, v. m.

490. Voyages de François Bernier, contenant la description des Estats du Grand Mogol. *Amsterd., P. Marret*, 1724, 2 vol. in-12, v. f.

491. Viaggio in Egitto, nel Sudan, in Siria ed in Palestina, di Emilio Dandolo. *Milano*, 1854, in-4, br.

492. Les Sources du Nil, journal de voyage du capitaine Hanning Speke, trad. de l'anglais par Forgues. *Paris, Hachette*, 1864, gr. in-8, fig. br.

493. A historical Inquiry concerning Henry Hudson, and discovery of Delaware bay, by John Read. *Albany*, 1866, in-8, demi-rel. v. n. rogn.

Lettre aut. sign. de l'auteur.

494. Voyage dans le nord du Brésil, en 1614, par le père Yves d'Evreux, publ. par Ferdinand Denis. *Paris, Franck*, 1864, pet. in-8, cart.

II. HISTOIRE UNIVERSELLE.

496. Introduction à l'Histoire universelle, par Michelet. *Paris*, *Hachette*, 1831, in-8, br.

497. Principes de la philosophie de l'histoire, par J.-B. Vico, trad. de l'italien par Jules Michelet. *Paris*, *J. Renouard*, 1827, in-8, br.

498. Philosophie de l'histoire, professée à Vienne par F. de Schlegel. *Paris*, *P. Mellier*, 1841, 2 vol. in-8, br.

499. Revue de l'Histoire universelle, par Prévost-Paradol. *Paris*, *Hachette*, 1854, gr. in-8, br.

500. L'Esprit dans l'histoire, recherches sur les mots historiques, par Ed. Fournier. *Paris*, *E. Dentu*, in-12, br.

III. HISTOIRE DES RELIGIONS.

501. Dictionnaire de la Fable, par Noël. *Paris*, *Lenormant*, 1823, 2 vol. in-8, bas.

502. Lettres à Emilie sur la mythologie, suivies des Consolations, par Demoustier. *Paris*, *Langlois*, 1835, 2 vol. in-8, fig. demi-rel. chagr. v.

503. Les Divinités égyptiennes, leur origine, leur culte et son expansion dans le monde, par Ollivier Beauregard. *Paris*, *Libr. intern.*, 1866, gr. in-8, br.

---

503 *bis*. Mémoires pour servir à l'histoire ecclésiastique des six premiers siècles... par Lenain de Tillemont. *Paris*, *Ch. Robustel*, 1710-1712, 16 vol. in-4, portr. bas. (*Taché*.)

504. L'Église et l'Empire romain au IVe siècle, par M. Albert de Broglie. *Paris*, *Didier*, 1856, 2 vol. in-8, br.

505. Les Origines de l'Eglise romaine, par André Archinard. *Paris, Cherbuliez,* 1852, 2 vol. in-8, broch.

506. Essai historique sur la puissance temporelle des papes (par Daunou). *Paris, Le Normand*, 1810, in-8, demi-rel. v. v.

507. Sainct Augustin, de l'ouvrage des moines; ensemble quelques pièces de S. Thomas et de S. Bonaventure sur le mesme sujet, par J.-P. Camus, évesque de Belley. *Rouen, Adr. Ovyn*, 1633, in-8, vél.

508. Histoire de l'abbaye et du collége de Juilly, depuis leurs origines jusqu'à nos jours, par Ch. Hamel. *Paris, Ch. Douniol*, 1868, in-8, vue et portrait broch.

Avec envoi et une lettre à M. Sainte-Beuve.

509. Cartulaire de l'abbaye de Redon en Bretagne, publié par Aurélien de Courson. *Paris, Impr. imp.*, 1863, in-4, cart.

510. Le Paraclet, par Alexis Wilhem. *Paris*, 1851, in-8, br. — L'Oratoire de France au XVIIe et au XIXe siècle, par Perraud. *Paris, Douniol,* 1866, in-8, br.

511. Vies des Pères du désert, trad. des auteurs ecclésiastiques, par Arnauld d'Andilly. *Paris, Josse*, 1733, 3 vol. in-8, v. r.

512. La Vie de saint Paulin, évêque de Nole, avec des dissertations (par Le Brun des Marettes). *Paris, J. Couterot*, 1686, in-8, fig., br., non rogné.

513. Vie de saint Dominique, précédée du mémoire pour le rétablissement en France de l'ordre des Frères Prêcheurs, par le P. Lacordaire. *Paris, Sagnier et Bray*, 1844, in-8, portr., br.

514. Vie de M. Olier, fondateur du séminaire de Saint-Sulpice. *Paris, Poussielgue-Rusand*, 1853, 2 vol. in-8, br.

515. Vie de l'abbé Carron, par un bénédictin de la Congrégation de France. *Paris, Ch. Douniol*, 1866, gr. in-8, portr. lith. br.

516. Vie de M. Emery, supérieur de Saint-Sulpice. *Paris, Jouby*, 1862, 2 vol. in-8, br.

517. Vie du R. P. Xavier de Ravignan, par le P. A. de Ponlevoy. *Paris, Ch. Douniol*, 1860, 2 v. in-8, fig. br.

518. Essai sur l'esprit et nfluence de la réformation de Luther, par Ch illers. *Paris, Didot*, 1808, in-8, demi-rel. cart.

IV. HISTOIRE ANCIENNE.

519. Histoires d'Hérodote, traduction de Pierre Saliat; revue par Eug. Talbot. *Paris, Plon*, 1864, in-8, br.

520. Examen critique des anciens historiens d'Alexandre, par Sainte-Croix, seconde édition. *Paris*, 1810, in-4, demi-rel.

521. Histoire de la Grèce ancienne, par V. Duruy. *Paris, Hachette*, 1862, 2 vol. in-8, br.

522. Histoire des législateurs et des constitutions de la Grèce antique, par E. Lerminier. *Paris, Amyot*, 1852, 2 vol. in-8, br.

523. Essai sur le droit public de la république d'Athènes, par Georges Perrot. *Paris, Ern. Thorin*, 1867, in-8, br. — Ménandre. Etude sur la comédie et la société grecques, par Guill. Guizot. *Paris, Didier*, 1855, in-8, br. — La Cité antique, par Fustel de Coulanges. *Paris, Hachette*, 1866, in-8, br.

524. Antiquités romaines, par Alexandre Adam. *Paris, Verdière*, 1818, 2 vol. in-8, demi-rel. ch. r.

525. Tableau de l'empire romain, depuis la fondation de Rome jusqu'à la fin du gouvernement im-

périal en Occident, par M. Amédée Thierry. *Paris, Didier*, 1863, in-8, cart. en percal. (*Envoi d'auteur.*) — Nouveaux Récits de l'histoire romaine aux IVe et Ve siècles. — Trois ministres des fils de Théodose : Rufin, Eutrope, Stilicon, par le même. *Paris, Didier*, 1865, in-8, br.

526. Histoire romaine de Tite-Live, trad. par Gaucher. *Paris, Hachette*, 1868, 4 vol. in-12, br.

527. Florus. Rerum romanarum libri. *Lugd. Bat., apud Elzevirios*, 1638, in-12, vélin.

528. History of the later roman common-wealth to the death of Julius Cæsar, by Arnold. *London*, 1849, 2 vol. in-8, cart.

529. Ouvrages historiques de Polybe, Hérodien et Zosime, avec notices biographiques, par J.-A.-C. Buchon. *Paris, Desrez*, 1836, gr. in-8, demi-rel. v. f.

Nombreuses notes au crayon sur des feuillets détachés de la main de M. S.-B.

530. Histoire des chevaliers romains, considérée dans ses rapports avec les différentes constitutions de Rome, depuis le temps des rois jusqu'au temps des Gracques, par Emile Belot. *Paris, A. Durand*, 1866, in-8, carte et 2 tableaux, br.

Envoi d'auteur à M. S.-B.

531. Les Césars, par le comte Franz de Champagny. *Paris, Maison*, 1853, 2 vol. in-8, br.

532. Examen critique des historiens anciens de la vie et du règne d'Auguste, par Egger. *Paris, Dezobry*, 1844, in-8, br.

533. Tacite et son siècle, ou la Société romaine impériale dans ses rapports avec la société moderne, par Dubois-Guchan. *Paris, Didier*, 1861, 2 vol. in-8, br.

534. Néron, sa vie et son époque, par Latour-Saint-Ybars. *Paris, Michel Lévy*, 1867, in-8, br.

535. Pline le Jeune. Esquisse littéraire et historique du règne de Trajan, par M. C. Van Hall. *Amsterdam, Dufour*, 1823, in-8. demi-rel. v. gr. n. rogn. tr. sup. dorée.

536. Essai sur Marc-Aurèle d'après les monuments épigraphiques, par Noël Des Vergers. *Paris, Firmin Didot*, 1860, in-8, br.

537. Etudes littéraires et morales sur les historiens latins, par M. Laurentie. *Paris, Méquignon*, 1822, 2 vol. in-8, bas.

538. Décade historique, ou Tableau politique de l'Europe, par M. le comte de Ségur. *Paris, Eymery*, 1828, 3 vol. in-8, br. — Politique de tous les cabinets de l'Europe, par le même. *Paris*, 1825, 3 vol. in-8, br.

V. HISTOIRE DE FRANCE.

539. Introduction générale à l'histoire de France, par Victor Duruy. *Paris, Hachette*, 1865, in-8, br.

540. Etudes sur les fondateurs de l'unité nationale en France, par le comte de Carné. *Paris, Bray*, 1848, 2 vol. in-8, br.

541. Histoire de France, depuis Faramond jusqu'au règne de Louis le Juste, enrichie des portraits au naturel des rois, par le sieur F. de Mezeray. *Paris, Denys Thierry*, 1685, 3 vol. in-fol., portr., v. br.

542. Henri Martin. Histoire de France. *Paris, Furne*, 1857-60, tomes VIII, IX, X, XI, XV et XVI, 6 vol. gr. in-8, br.

Le tome X contient quelques notes sur des feuilles volantes ou sur les marges.

543. Les Mémoires et l'Histoire en France, par Ch. Caboche. *Paris, Charpentier*, 1862, 2 vol. in-8, br.

544. Mémoires historiques et critiques des reines et régentes de France, par Dreux du Radier. *Paris, Mame*, 1808, 6 vol. in-8, br.

545. Essai sur l'histoire de la formation et des progrès du tiers état, par A. Thierry. *Paris, Furne*, 1853, in-8, br.

546. Histoire de l'administration monarchique en France, de Philippe-Auguste à Louis XIV, par Chéruel. *Paris, Dezobry*, 1855, 2 vol. in-8, br.

547. Histoire du gouvernement parlementaire en France, par Duvergier de Hauranne. *Paris, Michel Lévy*, 1857-1869, 9 vol. in-8, br.

548. Histoire du caractère et de l'esprit français jusqu'à la renaissance, par Cénac-Moncault. *Paris, Didier*, 1868, 3 vol. in-12, br.

549. Mémoires lus à la Sorbonne dans les séances extraordinaires du comité des travaux historiques. *Paris, Impr. imp.*, 1865-68, 9 vol. in-8, br.

550. Suger et la monarchie française au XIIe siècle, par A. Huguenin. *Paris, Dezobry*, 1857, in-8, br.

551. Mémoires de Jean, sire de Joinville, ou Histoire et chronique de très-chrétien roi saint Louis, publiés par F. Michel. *Paris, F. Didot*, 1858, in-12, br.

552. Chronique du religieux de Saint-Denis, contenant le règne de Charles VI, de 1380 à 1422; publ. en latin et traduite par L. Bellaguet. *Paris, impr. Crapelet*, 1839-52, 6 vol. in-4, cart.

553. Bertrand du Guesclin et son époque, par Jamison, trad. de l'anglais par Baissac. *Paris*, 1866, gr. in-8, portraits et plans, br.

554. Chronique de Bertrand du Guesclin, par Cuvelier, trouvère du XIVe siècle, publiée pour la première fois par Charrière. *Paris, F. Didot*, 1839, 2 vol. in-4, cart.

555. Addition à l'histoire de Louis XI, contenant plusieurs recherches curieuses sur diverses ma-

tières, par Gabriel Naudé. *Paris, Targa*, 1630, in-8, v. br.

556. Louis XII et François Ier, par P.-L. Rœderer. *Paris, Bossange*, 1825, 2 vol. in-8, br.

557. Mémoires de la reine Marguerite. *Bruxelles, Foppens*, 1658, pet. in-12, v. (*Taché.*)

558. Henri de Valois et la Pologne en 1572, par le marquis de Noailles. *Paris, Michel Lévy*, 1867, 3 vol. in-8, br.

559. Histoire du règne de Henri IV, par Poirson. *Paris, Colas*, 1856, 2 tom. en 3 vol. in-8, br.

560. Recueil des lettres missives de Henri IV, publié par Berger de Xivrey. *Paris, Impr. royale*, 1843-47, 7 vol. in-4, cart.

561. Satyre Ménippée; édition publ. par M. Ch. Labitte. *Paris, Charpentier*, 1841, in-12, br.

562. Les Négociations du président Jeannin. *Amsterdam*, 1695, 4 vol. in-12, v. m. (*Armoiries.*)

563. Journal de Jean Héroard (médecin), sur l'enfance et la jeunesse de Louis XIII (1601-1628), extrait des manuscrits originaux et publié par M. Eud. Soulié et Ed. de Barthélemy. *Paris, F. Didot*, 1868, 2 vol. in-8, br.

564. Recueil des pièces les plus curieuses qui ont esté faites pendant le règne du connestable M. de Luyne. *S. l.*, 1624, pet. in-8, demi-rel.

565. De l'Administration en France sous le ministère du cardinal de Richelieu, par J. Caillet. *Paris, F. Didot*, 1857, in-8, br.

566. Le même ouvrage. *Paris*, *Didier*, 1861, 2 vol. in-12, br.

567. Lettres, instructions diplomatiques et papiers d'Etat du cardinal de Richelieu, recueillis et publiés par Avenel. *Paris, Impr. imp.* 1853-61, 4 vol. in-4, cart.

568. Al. Patricii Armacani Mars Gallicus, seu de justitia armorum et fœderum regis Galliæ, libri II. *S. l.*, 1637, in-12, mar. bl. fil. tr. dor.

Cet ouvrage est du célèbre Corn. Jansenius.

569. Mémoires de Michel de Marolles, abbé de Villeloin, avec des notes historiques et critiques. *Amsterdam*, 1755, 3 vol. in-12, v. m.

Quelques notes marginales de M. S.-B.

570. Madame de Montmorency. Mœurs et caractères au XVIIe siècle, par Amédée Renée. *Paris, F. Didot*, 1858, in-8, br. — Les Nièces de Mazarin, par le même. *Paris, F. Didot*, 1856, in-8, br.

Envoi d'auteur à M. S.-B.

571. Histoire de France sous le ministère du cardinal Mazarin, par A. Bazin. *Paris*, *Chamerot*, 1842, 2 vol. in-8, br.

572. Mémoires de Louis XIV pour l'instruction du Dauphin, avec des notes, publ. par Ch. Dreyss. *Paris, Didier*, 1860, 2 vol. in-8, br.

573. Mémoires de madame de Motteville, pour servir à l'histoire d'Anne d'Autriche. *Paris*, *Colnet*, 1822, 11 vol. — Mémoires de mademoiselle de Montpensier. *Paris, Colnet*, 1823, 10 vol. Ensemble 21 vol. in-18, demi-rel.

574. La Galerie des portraits de mademoiselle de Montpensier, recueil de portraits et d'éloges, en prose et en vers; édit. par M. Edouard de Barthélemy. *Paris*, *Didier*, 1860, in-8, br.

575. Recherches historiques sur le cardinal de Retz, par V.-D. Musset-Pathay. *Paris*, *Colas*, 1807, in-8, cart.

576. Mémoires de Nicolas-Joseph Foucault, publiés et annotés par F. Baudry. *Paris*, *Impr. impériale*, 1862, in-4, cart. n. rog.

577. Correspondance administrative sous le règne de Louis XIV, recueillie et mise en ordre par

Depping. *Paris*, *Impr. nationale,* 1850, 4 vol. in-4, broch.

Envoi de l'éditeur à M. S.-B.

578. Madame de Longueville, par Victor Cousin. La Jeunesse de madame de Longueville. *Paris, Didier*, 1853, in-8, portr., br.

579. Madame de Longueville, par Victor Cousin. *Paris, Didier*, 1859. — Les Amis de la marquise de Sablé, par Ed. de Barthélemy. *Paris, Dentu,* 1865, 2 vol. in-8, br.

580. Mémoires sur la vie publique et privée de Fouquet, par A. Chéruel. *Paris, Charpentier,* 1862, 2 vol. in-8, br.

581. Histoire de la vie et de l'administration de Colbert, précédée d'une notice historique sur Nicolas Fouquet; suivie de pièces justificatives, lettres et documents inédits, par Pierre Clément. *Paris*, *Guillaumin*, 1846, in-8, br.

Quelques notes marginales au crayon, de M. S.-B.

582. Lettres, instructions et mémoires de Colbert, publiés par Pierre Clément. *Paris, Impr. imp.*, 1868, 5 vol. gr. in-8, br.

Le tome III manque.

583. Leibnitii de expeditione Ægytiaca Ludovico XIV Franciæ regi proponenda scripta quæ supersunt omnia, adjecta præfatione historico-critica, edidit Klopp. *Hanoveræ*, *impr. Klindworthianis*, 1864, in-8, portr., br.

584. Mémoires inédits et opuscules de Jean Rou, avocat au parlement de Paris (1659-1711), publ. par Waddington. *Paris*, 1857, 2 vol. in-8, br.

585. Montausier, sa vie et son temps, par Amédée Roux. *Paris*, *Didier*, 1860, in-8, br.

586. Mémoires complets du duc de Saint-Simon, sur le siècle de Louis XIV et sur la régence. *Pa-*

ris, Renduel, 1835, in-8, demi-rel. v. non rog. tr. sup. dor.

Seul volume publié de cette édition.

587. Saint-Simon considéré comme historien de Louis XIV, par Chéruel. *Paris*, 1865. — Projet de gouvernement du duc de Bourgogne, mémoire du duc de Saint-Simon. *Paris, Hachette*, 1866, 2 vol. in-8, br.

588. Mémoires du marquis de Feuquière. *Paris, Rollin*, 1750, 4 vol. in-12, v. rac. fil.

589. Recueil de différentes choses, par M. le marquis de Lassay. *Lausanne, Marc-Michel Bousquet*, 1856, 4 vol. in-12 tirés in-4, v. m.

Avec de nombreuses notes de la main de M. Sainte-Beuve, sur les marges, sur les gardes et sur des feuilles détachées.

590. L'Abbé Dubois, premier ministre de Louis XV, par M. le comte de Seilhac. *Paris, Amyot*, 1862, 2 vol. in-8, br.

591. Mémoires du comte de Maurepas, avec onze caricatures du temps, gravées en taille-douce. *Paris, Buisson*, 1792, 4 tom. en 2 vol. in-8, demi-rel.

592. Maurice de Saxe, étude historique, d'après les documents inédits, par Saint-René Taillandier. *Paris, Michel Lévy*, 1865, in-8, br. — Maurice, comte de Saxe. Lettres et documents inédits des archives de Dresde, publiés par le comte d'Eckstaedt. *Leipzig*, 1867, gr. in-8, br. (*Quelques notes au crayon.*)

593. L'Espion anglois (par Pidansat de Mairobert). *Londres*, 1786, 10 vol. in-12, br. n. rog.

Recueil curieux pour l'histoire des mœurs sous Louis XV.

594. Louis XVI et sa cour, par Amédée Renée. *Paris, F. Didot*, 1858, in-8, br.

Envoi d'auteur à M. S.-B.

595. Histoire de Marie-Antoinette, par Edmond et Jules de Goncourt. *Paris, Didot*, 1859, in-8, br. — Marie-Antoinette, par James de Chambrier. *Paris, Hachette*, 1868, 2 vol. in-8, br.

596. Mémoires du comte Al. de Tilly, page de la reine Marie-Antoinette. *Paris, Heideloff*, 1830, 3 vol. in-8, br.

597. Mémoires de la baronne d'Oberkirch sur la cour de Louis XVI, publ. par le comte de Montbrison. *Paris, Charpentier*, 1853, 2 vol. in-12, broch.

598. Mémoires autographes de M. le prince de Montbarey, ministre sous Louis XVI. *Paris, Eymery*, 1827, 3 vol. in-8, br.

599. Mémoires de M. le duc de Lauzun. *Paris, Barrois l'aîné*, 1822, in-8, br.

Nombreuses notes marginales au crayon, et deux notes à l'encre, de M. Sainte-Beuve.

600. Mémoires relatifs à la famille royale de France pendant la Révolution, publiés d'après le journal de la princesse de Lamballe. *Paris*, 1826, 2 vol. in-8, br.

601. Mémoires de M. le baron de Besenval, écrits par lui-même. *Paris, Arthus Bertrand*, 1807, 4 vol. in-8, br.

602. Mémoires, ou Souvenirs et Anecdotes, par M. le comte de Ségur. *Paris, Lecointe*, 1842, 3 vol. in-8, br.

603. Cahiers des Etats généraux, imprimés sous la direction de MM. Mavidal et Laurent. *Paris, P ul Dupont*, 1868, 3 vol. gr. in-8, br.

604. Mercure britannique, ou notices sur les affaires du temps, par J. Mallet du Pan. *Londres*, 1799, 4 vol. in-8, demi-rel. dos et coins.

605. Mémoires biographiques, littéraires et politiques de Mirabeau. *Paris, Delaunay*, 1835, 8 vol. in-8, portr. br.

605 *bis*. Mémoires, correspondance et manuscrits du général Lafayette, publiés par sa famille. *Paris*, *Fournier*, 1837, 6 vol. in-8, br.

606. Mémoires de Malouet, publiés par son petit-fils le baron de Malouet. *Paris*, *Didier*, 1868, 2 vol. in-8, portr., br.

607. Mémoires sur Carnot (1753-1823), par son fils. *Paris*, *Pagnerre*, 1861-1864, 4 vol. in-8, br.

608. Mémorial de Gouverneur Morris, homme d'Etat américain, trad. de l'anglais, par Aug. Gandais. *Paris, Renouard*, 1842, 2 vol. in-8, br.

609. Mémoires du comte Beugnot (1783-1815). *Paris*, *Dentu*, 1866, 2 vol. in-8, br.

610. Souvenirs du lieutenant-général comte Mathieu Dumas. *Paris*, *Ch. Gosselin*, 1839, 3 vol. in-8, demi-rel. v.

611. Histoire des Girondins, par de Lamartine. *Paris*, *Furne*, 1847, 8 vol. in-8, br.

612. Les Girondins, leur vie privée, leur vie publique, par J. Guadet. *Paris*, *Didier*, 1861, 2 vol. in-8, br.

613. Mémoires de R. Levasseur (conventionnel). *Paris, Levasseur*, 1831, 4 vol. in-8, d.-rel. v. bl.

614. Mémoires sur divers événements de la Révolution et de l'émigration, par Dampmartin. *Paris, Hubert*, 1825, 2 vol. in-8, br.

615. Histoire de la Terreur (1792-94), par M. Mortimer-Ternaux. *Paris, Michel-Lévy*, 1862-69, 7 vol. in-8, br.

616. Anacharsis Cloots, l'Orateur du genre humain, par Georges Avenel. *Paris, Lacroix*, 1865, 2 vol. in-8, br.

617. Mémoires inédits de Pétion et Mémoires de Buzot et de Barbaroux, accompagnés de notes inédites de Buzot et de nombreux documents iné-

dits sur Barbaroux, Buzot, Brissot, etc., précédés d'une introduction par C.-A. Dauban. *Paris, H. Plon*, 1866, in-8, portr. et fac-simile, br.

618. Danton. Documents pour servir à l'histoire de la Révolution française, par Alf. Bougeart. *Paris*, 1861, in-8, br.

619. Histoire de Saint-Just, par E. Hamel. *Paris, Poulet-Malassis*, 1859, in-8, portr., br.

620. Rapport fait au nom de la commission chargée de l'examen des papiers trouvés chez Robespierre, par E.-B. Courtois. *Paris, an III*, in-8, cart.

621. Les Derniers Montagnards. Histoire de l'insurrection de prairial *an III* (1795), par Jules Claretie. *Paris, A. Lacroix*, 1867, in-8, br.

Envoi de l'auteur à M. S.-B.

622. Histoire de la Société française pendant la Révolution, par Ed. et J. de Goncourt. *Paris, E. Dentu*, 1854, in-8, br. — Histoire de la Société française pendant le Directoire, par les mêmes. *Paris, E. Dentu*, 1855, in-8, br.

Envoi des auteurs à M. S.-B.

623. Campagnes de la Révolution française dans les Pyrénées orientales, par J. Ternel. *Paris, Dumaine*, 1861, 2 vol. in-8, br.

624. Campagnes d'Egypte et de Syrie (1798-99), mémoires dictés par Napoléon à Sainte-Hélène et publ. par le général Bertrand. *Paris*, 1847, 2 vol. in-8 et atlas, br.

625. Histoire du Consulat et de l'Empire, par Ch. Lacretelle. *Paris, Amyot*, 1846, 6 vol. in-8, br.

626. Histoire de l'Empereur Napoléon Ier, surnommé le Grand, par Nicolas Batjin. *Londres, Dulau*, 1867, 2 vol. in-8, fig., cart.

627. Histoire de Napoléon Ier, par P. Lanfrey. *Paris, Charpentier*, 1867, 3 vol. in-12, br.

628. Napoléon, ses opinions et jugements sur les hommes et sur les choses, recueillis par Damas-Hinard. *Paris, Dufey*, 1838, 2 vol. in-8, br.

629. Correspondance inédite, officielle et confidentielle de Napoléon Bonaparte. *Paris, Panckoucke*, 1819, 7 vol. in-8, br.

630. Correspondance et Relations de J. Fiévée avec Bonaparte. *Paris, Desrez*, 1837, 3 vol. in-8, br.

631. Mémorial de Sainte-Hélène, publ. par le comte de Las-Cases. *Paris*, 1823, 8 vol. in-8, mout. v.

632. Nougarède de Fayet. Recherches historiques sur le procès et la condamnation du duc d'Enghien. *Paris*, 1844, 2 vol. in-8, br.

633. Mémoires et correspondance du roi Jérôme. *Paris, Dentu*, 1861, 7 vol. in-8, br.

634. Traditions et Souvenirs, ou Mémoires touchant le temps et la vie du général Aug. Colbert, par Colbert de Chabanais. *Paris, Didot*, 1863, 2 vol. in-8, cartes, br.

635. Vie militaire du lieutenant-général comte Friant, par le comte Friant. *Paris, E. Dentu*, 1857, in-8, br.

636. Mémoires du comte Miot de Melito. *Paris, Michel Lévy*, 1858, 3 vol. in-8, br.

637. Histoire des deux Restaurations, par Achille de Vaulabelle. *Paris, Perrotin*, 1847-54, 7 vol. in-8, br.

638. Histoire de la politique extérieure du gouvernement français, par O. d'Haussonville (1830-48). *Paris, Michel Lévy*, 1850, 2 vol. in-8, br.

639. Etudes diplomatiques et littéraires, par M. Alexis de Saint-Priest. *Paris, Amyot, s. d.* 2 vol. in-8, br.

640. Mes Mémoires, par le comte d'Alton-Shée. *Paris*, 1869, 2 vol. in-8, gr. pap. de Holl. br.

Avec la dédicace de M. d'Alton Shée « à son cousin Sainte-Beuve ». M. Ste-

Beuve a laissé, en mourant, un article inachevé sur ces mémoires. Il sera recueilli dans ses dernières œuvres.

641. Réminiscences, par J.-J. Coulmann. *Paris, M. Lévy*, 1862-69, 3 vol. in-8, br.

642. Histoire de la Révolution de 1848, par Daniel Stern. *Paris, Charpentier*, 1862, 2 vol. in-12, br.

643. L'Armée et la Garde nationale, par le baron C. Poisson. *Paris, Durand*, 1862, 4 vol. in-8, br.

Histoire des provinces et villes de France.

644. Le Nouveau Paris, par le citoyen Mercier. *Paris, Pougens, s. d.*, 6 t. en 2 vol. in-8, cart.

645. Les Odeurs de Paris, par L. Veuillot. *Paris, Palmé*, 1867, in-8, br.

Première édition.

646. Archives de la Bastille, documents inédits publ. par Ravaisson. *Paris*, 1866, gr. in-8, br.

647. Mes Voyages aux environs de Paris, par J. Delort. *Paris, Picart-Dubois*, 1821, 2 vol. in-8, facsimile, cart.

648. Mémoires de Claude Haton, contenant le récit des événements accomplis de 1553 à 1582, principalement dans la Champagne et la Brie, publ. par Félix Bourquelot. *Paris, Impr. imp.*, 1857, 2 vol. in-4, cart.

649. Histoire du palais de Compiègne, chroniques du séjour des souverains dans ce palais, écrite d'après les ordres de l'Empereur, par J. Pellassy de l'Ousle. *Paris, Imp. imp.*, 1862, gr. in-4, pap. fort, armoiries au frontispice, nomb. fig., plans et vign. et une grande carte, br.

650. L'Eglise de Saint-Sulpice de Favières, par M. Patrice Salin. *Paris, A. Leclère*, 1865, gr. in-8, fig. br.

651. Notre-Dame de Lourdes, par Henri Lasserre. *Paris, V. Palmé*, 1869, in-8, br.

652. Histoire de Boulogne-sur-Mer, par A. d'Hautefeuille et L. Bénard. *Boulogne-sur-Mer*, 1860, 2 vol. in-12, br.

653. Histoire de Notre-Dame de Boulogne, par A. Leroy. *Boulogne-sur-Mer*, 1839, in-8, br.

654. Chroniques des ducs de Normandie, par Benoît, trouvère anglo-normand du XIIe siècle, publié par Francisque Michel. *Paris, Impr. roy.*, 1836, 3 vol. in-4, cart.

655. Histoire des Grands Panetiers de Normandie, par le marquis de Belbeuf. *Paris, Dumoulin*, 1856, in-8, fig., demi-rel. chag. v.

656. Le Gouvernement de Normandie aux XVIIe et XVIIIe siècles, documents tirés des archives du château d'Harcourt, par Hippeau. *Caen*, 1863, 8 vol. in-8. br.

657. Les La Boderie, étude sur une famille normande, par M. le comte H. de La Ferrière-Percy. *Paris, A. Aubry*, 1857, in-8, br.

658. Notices historiques sur la Révolution dans le département de l'Eure, par L. Boivin-Champeaux. *Evreux, Hérissey*, 1868, in-8, br.

659. Histoire de la ville et du port de Brest, par Levot. *Brest*, 1865, 3 vol. in-8, br.

660. Biographie saintongeaise, par Pierre Rainguet. *Saintes*, 1851, gr. in-8, fig. demi-rel. chag. n.

661. Testament politique du duc Charles de Lorraine, précédé d'une notice bibliographique (publié par Anatole de Montaiglon). *Paris, Académie des bibliophiles*, 1866, gr. in-8, pap. vergé, br.

Tiré à 210 exemplaires.

VI. HISTOIRE DES PAYS ÉTRANGERS.

662. Histoire des Belges à la fin du XVIIIe siècle, par Ad. Borgnet. *Bruxelles,* 1844, 2 vol. in-8, br.

663. Histoire de l'ancien pays de Liége, par M. L. Polains. *Liége, Ledoux*, 1847, in-8, br.

664. Italie et Renaissance, par J. Zeller. *Paris, Didier*, 1868, in-8, br.

665. Histoire de Savoie, d'après les documents originaux, depuis les origines les plus reculées jusqu'à l'annexion, par Victor de Saint-Genis. *Chambéry, Bonne, et Paris, Amyot*, 1868-69, 3 vol. in-12, br.

Envoi d'auteur à M. Sainte-Beuve.

666. Le Comte de Cavour, récits et souvenirs, par W. de La Rive. *Paris, Hetzel*, 1862, in-8, br. — Œuvre parlementaire du comte de Cavour, trad. et annotée par J. Artoum et Albert Blanc. *Paris*, 1862, in-8, br.

667. Histoire des Vaudois du Piémont, par Al. Muston. *Paris, Ducloux,* 1851, 4 vol. in-12, br.

668. L'Ile de Sardaigne, description, statistique, mœurs, par Aug. Boullier. *Paris, Dentu*, 1865, 2 vol. in-8, br.

669. Arnauld de Brescia et les Romains du XIIe siècle, par Victor Clavel. *Paris, Hachette*, 1868, in-8, br.

670. Recherches sur l'histoire et la littérature de l'Espagne pendant le moyen âge, par R. Dozy. *Leyde, Brill*, 1860, 2 vol. in-8, br.

671. Histoire de la guerre de Navarre en 1276 et 1277, par Guillaume Anelier, de Toulouse; publiée avec une traduction, une introduction et des notes, par Francisque Michel. *Paris, Impr. impériale,* 1856, in-4, cart. non rog.

De la collection des documents sur l'histoire de France.

672. Jacme Ier le Conquérant, roi d'Aragon, d'après les chroniques et les documents inédits, par le comte de Tourtoulon. *Montpellier*, 1863, 2 vol. in-8, br.

673. Retraite et mort de Charles-Quint au monastère de Yuste; lettres inédites publiées par M. Gachard. *Bruxelles*, 1854, 3 vol. in-8, br.

674. Don Carlos et Philippe II, par M. Gachard, *Bruxelles*, 1863, 2 vol. in-8, br.

675. Histoire d'Élisabeth de Valois, reine d'Espagne (1545-1568), par le marquis du Prat. *Paris*, *Techener*, 1859, in-8, br.

Envoi d'auteur à M. S.-B.

676. Négociations relatives à la succession d'Espagne sous Louis XIV, publiées par Mignet. *Paris*, *Impr. roy.*, 1835, 4 vol. in-4, cart.

677. L'Espagne sous les rois de la maison de Bourbon, par W. Coxe, trad. par don Andrès Muriel. *Paris*, *De Bure*, 1827, 6 vol. in-8, br.

678. Correspondance de Marguerite d'Autriche, duchesse de Parme, avec Philippe II, publiée par M. Gachard. *Bruxelles*, 1867, tome Ier, in-4, facsimile, br.

679. Guillaume III et Louis XIV. Histoire des luttes et des rivalités politiques entre les puissances maritimes et la France, par le baron Sirtema de Grovestins. *Paris*, 1868, 8 vol. in-8, br.

680. A Portion of the journal of Thomas Raikes, comprising reminiscences of social and political life in London and Paris. *London*, 1856, 4 vol. in-12, cart.

681. Histoire de Frédéric le Grand, par M. Camille Paganel. *Paris*, *Hachette*, 1847, 2 vol. in-8, br.

682. Mémoires de Frédérique-Sophie Wilhelmine de Prusse, sœur de Frédéric le Grand. *Paris*, *Buisson*, 1811, 2 vol. in-8, v. rac.

683. Guerre de la Prusse et de l'Italie contre l'Autriche en 1866, par Ferdinand Lecomte. *Paris, Tanera*, 1868, 2 vol. gr. in-8, br. cartes. — La guerre de 1866, par le major Vandevelde. *Paris, Tanera*, 1869, in-8, br.

684. Mémoires concernant Christine, reine de Suède. *Amsterdam, P. Mortier*, 1751, 4 vol. in-4, portr. v. br.

685. Gustave III et la cour de France, par Geffroy. *Paris, Didier*, 1867, 2 vol. in-8, br.

686. Les Récits d'un vieux gentilhomme polonais, trad. par Ladislas Mickiewicz. *Paris, Vasseur*, 1866, gr. in-8, br.

687. La Cour de Russie il y a cent ans, extraits des dépêches des ambassadeurs (1725-1783). *Paris, Dentu*, 1858, in-8, br.

688. Histoire philosophique et politique des établissements et du commerce des Européens dans les deux Indes, par Raynal. *Paris*, 1820, 12 vol. in-8, demi-rel. et atlas.

689. Histoire de l'Afrique et de la Sicile, texte arabe d'Ibn Khaldoun, accompagné d'une trad. et de notes par Noël des Vergers. *Paris, F. Didot*, 1841, in-8, br.

VII. HISTOIRE LITTÉRAIRE.

690. Histoire de la littérature ancienne et moderne, par Schlegel; trad. de l'allem. *Paris, Ballemare*, 2 vol. in-8, br.

691. Histoire abrégée de la littérature classique ancienne, trad. de l'allemand de Ficker, par M. Theil. *Paris, Hachette*, 1835, 2 vol. in-8, br.

692. Histoire de la littérature grecque profane, par M. Schœll. *Paris, Gide*, 1825, 8 vol. in-8, br.

693. History of the litterature of ancient Greece, translated from the manuscripts of O. Müller. *London*, 1856, in-8, cart.

694. Histoire de la littérature grecque par Ottfried Müller, trad. par K. Hillebrand. *Paris, Aug. Durand*, 1866, 2 vol. in-8, br.

695. Histoire de la littérature romaine, par Schœll. *Paris, Gide*, 1815, 4 vol. in-8, demi-rel. v. ant.

696. History of roman litterature to the Augustan age, by John Dunlop. *London*, 1824, 3 vol. in-8, cart.

697. La Poésie et l'éloquence à Rome, au temps des Césars, par Jules Janin. *Paris, Didier*, 1864, in-8, br.

698. Essais de théorie et d'histoire littéraire, par M. Edmond Arnould. *Paris, Durand*, 1858, in-8, br.

699. Etudes sur quelques points d'archéologie et d'histoire littéraire, par M. Edélestand du Méril. *Paris, Franck*, 1862, in-8, br.

700. Histoire de la littérature de l'Europe pendant les quinzième, seizième et dix-septième siècles, trad. de l'anglais de Henri Hallam. *Paris, Ladrange*, 1840, 4 vol. in-8, br.

701. On the study of celtic Literature, by Matthew Arnold. *London*, 1867, in-4, cart.

702. Histoire littéraire de la France.... par des religieux bénédictins de la congrégation de Saint-Maur (dom Clémencet, dom Taillandier et dom Rivet). *Paris, Osmont*, 1733-63, 12 vol. in-4, v. m. le dernier br. — Continuation (par MM. Pastoret, Danou, Ginguené, Amaury-Duval, Victor Le Clerc, etc.), *Paris, F. Didot*, 1814-56, t. XIII à XXIII, 11 vol. in-4, br. Ensemble 23 vol. in-4.

Le tome XII porte : *F. Didot*, 1830, volume publié en 1763, chez Nyon.

703. Histoire de la littérature française, par E. Géruzez. *Paris, Didier*, 1861, 2 vol. in-8, br.

704. Essais sur la littérature française, par E. Géruzez. *Paris, Garnier, s. d.* 2 vol. in-12, br. — Nouveaux Essais d'histoire littéraire, par le même. *Paris, Hachette*, 1846, in-8, br.

705. Histoire abrégée de la littérature française, par A. Baron. *Bruxelles, Meline*, 1841, 2 vol. in-8, br.

706. Histoire de la littérature française, par D. Nisard. *Paris, F. Didot*, 1861, 4 vol. in-8, br.

707. Tableau de la littérature du moyen âge, par M. Villemain. *Paris, Didier*, 1840, 2 vol. in-8, br.

708. Tableau de la littérature française au XVIe siècle, par M. Saint-Marc Girardin. *Paris, Didier*, 1862, in-8, br.

709. Les Prosateurs français du XVIe siècle, par E. Réaume. *Paris, Didier*, 1869, in-8, br.

710. Caractères et portraits littéraires du XVIe siècle, par M. Léon Feugère. *Paris, Didier*, 2 vol. in-12, br.

711. Le Parnasse françois, par M. Titon du Tillet. *Paris, J.-B. Coignard*, 1732, in-fol., frontisp. gr. par Tardieu, v. gr. — Supplément du Parnasse françois jusqu'en 1743 et de quelques autres pièces qui ont rapport à ce monument. *S. l. n. d.* in-fol. v. gr. — Description du *Parnasse françois* exécuté en bronze à la gloire de la France et de Louis le Grand, par Titon du Tillet. *Paris*, 1760, 2 part. en 1 vol. in-fol. v. m. fil.

Sur le titre du premier ouvrage se trouve cette mention : *Donum authoris, Petri Brumoy*. Et sur le faux titre, cette autre : *Donnée par Mme de Chevigné, dame de la seigneurie d'Ognon, en 1778.*

Exemplaire bien complet.

712. Le Président de Brosses, histoire des lettres et des parlements au XVIIIe siècle, par Th. Foisset. *Paris, Olivier Fulgence*, 1842, in-8, br.

Envoi d'auteur à M. S.-B.

713. Histoire de la littérature française, au XVIIIe siècle, par A. Vinet. *Paris*, 1853, 2 vol. in-8, br. — Moralistes des XVIe et XVIIe siècles. *Paris*, 1859, in-8, br.

714. Correspondance littéraire adressée à S. A. Mgr le grand-duc, aujourd'hui empereur de Russie, par J.-François Laharpe. *Paris*, *Migneret*, 1807, 6 vol. in-8, v. rac.

715. Etudes sur la littérature française au XIXe siècle, par A. Vinet. *Paris*, 1857, 3 vol. in-12, br.

716. Les Sociétés badines, bachiques et littéraires, par Arthur Dinaux, publ. par M. G. Brunet. *Paris*, *Bachelin-Deflorenne*, 1867, 2 vol. in-8, portr. broché.

717. Histoire politique et littéraire de la presse en France, par Eugène Hatin. *Paris*, *Poulet-Malassis*, 1859-61, 8 vol. in-8, br.

718. Histoire littéraire des femmes françoises, par une Société de gens de lettres (par l'abbé de La Porte). *Paris*, *Lacombe*, 1769, 5 vol. in-8, v. m.

719. Histoire de la littérature française à l'étranger, par A. Sayous. *Paris*, *Cherbuliez*, 1853, 2 vol. in-8, br.

720. Le XVIIIe siècle à l'étranger, par A. Sayous. *Paris*, *Amyot*, 1861, 2 vol. in-8, br.

721. Etudes littéraires sur les écrivains français de la Réformation, par A. Sayous. *Paris*, *J. Cherbuliez*, 1854, 2 vol. in-12, br.

722. Etudes sur l'histoire littéraire de la Suisse française, particulièrement dans la seconde moitié du XVIIIe siècle, par E.-H. Gaullieur. *Genève et Paris*, *J. Cherbuliez*, 1856, in-8, br.

723. Histoire comparée des littératures espagnole et française, par A. de Puibusque. *Paris*, *Dentu*, 1844, 2 vol. in-8, br.

724. Essai sur l'histoire de la littérature catalane, par Camboulin. *Paris, Durand*, 1858, in-8, br.

725. Histoire critique de la littérature anglaise, par L. Mézières. *Paris, Allouard*, 1841, 3 vol. in-8, br.

726. Histoire de la littérature en Danemark et en Suède, par X. Marmier. *Paris, Bonnaire*, 1839, in-8, br.

727. La Science et les Lettres en Orient, par J.-J. Ampère. *Paris, Didier*, 1865, in-8, br.

728. L'Ancienne Académie des sciences, par Alfred Maury. *Paris, Didier*, 1864, in-8, br. — L'Académie des sciences et les académiciens de 1666 à 1793, par Jos. Bertrand. *Paris, Hetzel*, 1869, in-8. br.

729. Eloges lus dans les séances publiques de l'Académie de médecine, par Dubois d'Amiens. *Paris, Didier*, 1864, 2 vol. in-8, br.

730. Histoire philosophique de l'académie de Prusse, par Christian Bartholmess. *Paris, Marc Ducloux*, 1851, 2 vol. in-8, br.

731. Histoire de Sainte-Barbe, par J. Quicherat. *Paris, Hachette*, 1860, 3 vol. in-8, br.

VIII. BIOGRAPHIE.

733. Dictionnaire de biographie, mythologie, géographie anciennes, trad. du Dr Smith, par Theil. *Paris*, *Didot*, 1865, pet. in-8, br. fig.

734. Life of Marcus Tullius Cicero, by Will Forsyth. *London, Murray*, 1864, 2 vol. in-8, cart.

735. Cicéron et ses amis, par Gaston Boissier. *Paris, Hachette*, 1865, in-8, br.

736. Vie d'Ovide, contenant des notions historiques et littéraires sur le siècle d'Auguste, par M. G.-T.

Villenave. *Paris, F. Gay*, 1809, in-8, pap. vél. frontisp. et fig. de Moreau, cart. non rog.

Note de M. Sainte-Beuve sur la garde.

737. Abélard, par Charles de Rémusat. *Paris, Ladrange*, 1845, 2 vol. in-8, br.

738. Guillaume Budé. Essai historique, par D. Rebitté. *Paris, Joubert*, 1846, in-8, br.

739. Etudes biographiques pour servir à l'histoire de l'ancienne magistrature française, par C.-A. Sapey. *Paris, Amyot*, 1858, in-8, br.

740. Vie d'Antoine du Prat, cardinal, par le marquis du Prat. *Paris, Techener*, 1857, in-8, portr. broch.

Lettre aut. sign. de l'auteur.

741. Estienne Dolet; sa vie, ses œuvres, son martyre, par Joseph Boulmier. *Paris, Aubry*, 1857, in-8, fig., br.

742. Taillandier. Nouvelles Recherches historiques sur la vie et les ouvrages du chancelier de l'Hospital. *Paris, F. Didot*, 1861, in-8, portr. br.

743. Documents historiques sur la vie et les mœurs de Louise Labbé, de nouveau mis en lumière par P. M. G. (Gonon). *Lyon*, 1844, br. in-8, pap. de Holl. portr. — Discours sur la personne et les ouvrages de Louise Labé, Lyonnoise, par M. de Ruolz. *Lyon, Aymé Delaroche*, 1750, br. in-8. (*Réimpression moderne*.)

744. Antoine de Montchrétien, poëte et économiste normand, par M. A. Joly. *Caen, Le Gost Clérisse*, 1865, in-8, br.

Tiré à cent exemplaires.

745. Ephemerides Isaaci Casauboni, cum notis, edente Russell. *Oxonii*, 1850, 2 vol. grand in-8 cart.

Notes au crayon.

746. La Vérité sur les Arnauld, par P. Varin. *Paris, Poussielgue-Rusand*, 1847, 2 vol. in-8, br.

747. Mémoires de R. Rapin, de la compagnie de Jésus, 1644-1669, publ. par Léon Aubineau. *Paris, Gaume,* 1865, 3 vol. in-8, br.

748. Etude sur la vie et les œuvres de Pellisson, publ. par F.-S. Marcou. *Paris, Didier*, 1859, in-8, broch.

Lettre autogr. de Ch. Magnin.

749. Bossuet, précepteur du Dauphin et évêque à la cour, par Floquet. *Paris, Didot,* 1864, in-8, br. —Nourisson, Essai sur la philosophie de Bossuet. *Paris, Ladrange*, 1852, in-8, br.

750. Histoire de Fléchier, par l'abbé Delacroix. *Paris*, 1865, in-8, br. — Massillon. Etude histor. et litt., par l'abbé Bayle. *Paris, Ambr. Bray*, 1867, in-8, br.

751. Histoire de madame de Sévigné, de sa famille et de ses amis, suivie d'une notice historique sur la maison de Grignan, par J.-Ad. Aubenas. P. Dufart, éditeur. *Paris, A. Allouard* (*impr. de Crapelet*), 1842, in-8, br.

Quelques notes au crayon, de M. S.-B.

752. Nouvelles Recherches sur la vie et les ouvrages de Bernard de la Monnoye, par G. Peignot. 1832, in-8, portr. br.

(*Extrait de l'Académie de Dijon.*)

753. Etude sur la vie et les écrits de l'abbé de Saint-Pierre, par E. Goumy. *Paris, Hachette*, 1859, in-8, br.

754. Essai historique sur la vie et les ouvrages de Gresset, par de Cayrol. *Paris, Dumoulin,* 1844, 2 vol. in-8, br.

755. Vie privée de Voltaire et de Mme du Châtelet, pendant un séjour de six mois à Cirey, par Mme de

Graffigny. *Paris, Treuttel et Wurtz*, 1820, in-8, fig., demi-rel. v. ant.

756. La Jeunesse de Voltaire. — Voltaire à la cour, par Gustave Desnoiresterres. *Paris, Didier*, 1867-1869, 3 vol. in-8, br.

757. Voltaire, sa vie et ses œuvres, par l'abbé Maynard. *Paris, Bray*, 1867, 2 vol. in-8, br.

758. Voltaire à Ferney, par Evariste Bavoux. *Paris, Didier*, 1860, in-8, br. — Ménage et finances de Voltaire, par Louis Nicolardot. *Paris, Dentu*, 1854, in-8, br. — Les Ennemis de Voltaire, par Ch. Nisard. *Paris, Amyot*, 1853, in-8, br.

759. Dossier sur J.-J. Rousseau, réuni par M. Sainte-Beuve, comprenant les articles de la Revue suisse et autres brochures publiées à Genève. 15 broch. in-8.

760. Exposé succinct de la contestation qui s'est élevée entre Hume et Rousseau. *Londres*, 1766, in-12, v. f. fil. (*Derome.*)

761. Turgot. Sa Vie et sa doctrine, par Mastier. *Paris, Guillaumin*, 1862. — Turgot, sa vie, son administration, ses ouvrages, par Tissot. *Paris, Didier*, 1862, 2 vol. in-8, br.

762. Beaumarchais et son temps, par Louis de Loménie. *Paris, Michel Lévy*, 1856, 2 vol. in-8, br.

763. Mémoires et Souvenirs de Augustin-Pyramus de Candolle, écrits par lui-même et publ. par son fils. *Genève, Joel Cherbuliez*, 1862, gr. in-8, br.

764. Mémoires historiques sur la vie de M. Suard, sur ses écrits et sur le XVIIIe siècle, par Garat. *Paris, Belin*, 1820, 2 vol. in-8, br.

765. Souvenirs de Mme Louise-Elisabeth Vigée Lebrun. *Paris, Fournier*, 1837, 3 vol. in-8, br.

766. Coppet et Weimar. Madame de Staël et la grande-duchesse Louise, par l'auteur des Souve-

nirs de Mme Récamier (M. Le Normand). *Paris, Michel Lévy*, 1862, in-8, br.

Quelques notes au crayon, de M. S.-B.

767. Souvenirs d'un sexagénaire, par A.-V. Arnault. *Paris, Dufey*, 1833, 4 vol. in-8, demi-rel. v.

768. Adolphe Nourrit, sa vie, son talent, sa correspondance, par L. Quicherat. *Paris, Hachette*, 1867, 3 vol. in-8, br.

769. Essai biographique sur de la Mennais. *Paris, Garnier*, 1858. — Paroles d'un croyant. 1834, etc., 4 br. in-8.

770. Portraits militaires, esquisses, par Ed. de la Barre Duparcq. *Paris, Tanera*, 1861, 3 vol. in-8, br.

771. Mémoires pour la vie de François Pétrarque, tirés de ses œuvres et des auteurs contemporains (par l'abbé de Sade). *Amsterdam, Arskée*, 1767, 3 vol. in-4, demi-rel. parch.

772. Jérôme Savonarole, sa vie, ses prédications, ses écrits, par Perrens. *Paris, Hachette*, 1853, 2 vol. in-8, br.

773. Jordano Bruno, par Christian Bartholmèss. *Paris, Ladrange*, 1847, 2 vol. in-8, br.

774. Mémoires de Jacques Casanova de Seingalt, écrits par lui-même. *Paris, Paulin*, 1833, 8 vol. in-8, br.

775. Vie de Grotius, par de Burigny. *Amsterdam, M.-M. Rey*, 1754, 2 vol. in-12, v. m.

776. Essai historique sur le docteur Swift (par Crawfurd). *Paris*, 1808, in-8, tiré in-4, portrait, v. v.

777. Diary and letters of madame d'Arblay (1778-1840). *London*, 1854, 7 vol. in-12, cart.

778. The Life and letters of William Cooper, edited by Hayley. *London*, 1835, gr. in-8, cart., portrait.

Notes manuscrites de M. Sainte Beuve.

779. Mémoires de lord Byron, publiés par Thomas Moore, trad. par Me L. Belloc. *Paris, A. Mesnier*, 1830, 5 vol. in-8, br.

780. Lord Byron jugé par les témoins de sa vie. *Paris, Amyot*, 1868, 2 vol. in-8, portr. demi-rel. ch, v.

781. Récit d'une sœur, souvenir de famille, par M. A. Craven. *Paris, Didier*, 1866, 2 vol. in-8, broch.

782. Biographia literaria, or biographical sketches of my literary life and opinions, by Samuel Coleridge. *London, Pickering*, 1847, 3 vol. in-12, cartonnés.

783. Autobiography of Benjamin Franklin, edited by Bigelow. *Philadelphia*, 1868, in-8, cart. portrait.

784. Lessing et le Goût français en Allemagne, par L. Crouslé. *Paris, Durand*, 1863, in-8, br.

785. Mémoires de Gœthe, trad. de l'allemand par M. Aubert de Vitry. *Paris, Ponthieu*, 1823, 2 vol. in-8, cart.

786. The Life and Works of Goethe, by Lewes. *London, Nutt*, 1855, 2 vol. in-8, portr. cart. n. rogn.

787. Gœthe, ses mémoires et sa vie, par Henri Richelet. *Paris, Hetzel*, 1863, 4 vol. in-8, br.

788. Vie de Mme de Krudner, par Ch. Eynard. *Paris*, 1849, 2 vol. in-8, demi-rel. v. f.

IX. BIBLIOGRAPHIE.

789. Advis pour dresser une bibliothèque, par Gabr. Naudé. *Paris, Targa*, 1627, pet. in-12, parch. v.

790. Le Marfore de Gabriel Naudé, Parisien, avec notice par M. Ch. Asselineau. *Paris, libr. de l'Acad. des bibliophiles*, 1868, br. pet. in-8.

Tiré à 70 exemplaires.

791. Jean Gutenberg, premier maître imprimeur, ses faits et discours les plus dignes d'admiration et sa mort; ce récit fidèle, écrit par Dingelstedt, est trad. de l'allem. par Gust. Revilliod. *Genève, Fick*, 1858, gr. in-8, pap. vergé, eaux-fortes.

792. Jugemens des savants sur les principaux ouvrages des auteurs, par Adr. Baillet. *Amst.*, 1725, 8 tomes en 17 vol. in-12, v. m.

793. Livres du boudoir de la reine Marie-Antoinette, catalogue publié par Louis Lacour. — Bibliothèque de la reine Marie-Antoinette, au petit Trianon, catalogue publié par Paul Lacroix. *Paris, J. Gay*, 1862, 2 vol. in-18, br. — Procès relatif à la publication du catalogue intitulé : Livres du boudoir de Marie-Antoinette. 1864, in-8, br.

X. JOURNAUX.

794. Histoire critique des journaux, par C*** (Camusat). *Amsterdam, J.-F. Bernard*, 1734, 2 vol. in-12, br.

795. Bibliothèque universelle et historique. 1686-1693. *Amsterdam, Wetsteyn*, 1700-1721, 25 vol. in-12, v. ant.

796. Bibliothèque ancienne et moderne, par Jean Le Clerc. *Amsterdam et La Haye*, 1714-30, 29 vol. in-12, v. ant.

797. Bibliothèque universelle, par Jean Le Clerc. *Amsterdam, Schelte*, 1713, 29 vol. in-12, v. m.

798. Almanach littéraire. *Paris*, 1777 à 1790, 16 part. en 8 vol. in-8, v. m.

799. La Décade philosophique, littéraire et politique, par une société de républicains (Daunou, Ginguené, Chénier, etc.). *Paris, an II*-1807, 54 vol. in-8, demi-rel.

800. Le Spectateur français au XIXe siècle, ou Va-

riétés morales et littéraires. *Paris*, *Blaise*, 1805-12, 12 vol. in-8, br.

801. Bibliothèque universelle et Revue suisse. *Lausanne et Genève*, 1866-1868, 9 vol. in-8, c. en toile.

802. La Minerve française, par Etienne, Jay, Jouy, etc. *Paris*, 1818-20, 9 vol. in-8, demi-rel.

803. Journal des savants. *Paris*, *Impr. imp.*, 1855 à 1863, in-4, 9 années en livraisons.

804. Table méthodique des articles du Journal des Savants de 1816 à 1858, par H. Cocheris. *Paris*, *Durand*, 1860, in-4, br.

805. Histoire des ouvrages des savants (par Basnage). *Rotterdam*, *Reinier Leers*, 1687-1708, 46 vol. in-12, v. br.

FIN.

ORDRE DES VACATIONS.

PREMIÈRE VACATION. — *Lundi* 23 *mai* 1870.

Jurisprudence, Sciences et Arts, Belles-Lettres..........	43 — 164
Théologie..	1 — 42

SECONDE VACATION. — *Mardi* 24 *mai*.

Belles-Lettres....................................	165 — 248
Histoire..	476 — 555

TROISIÈME VACATION. — *Mercredi* 25 *mai*.

Belles-Lettres....................................	249 — 310
Histoire..	556 — 661

QUATRIÈME VACATION. — *Vendredi* 27 *mai*.

Belles-Lettres....................................	311 — 377
Histoire..	733 — 805
Belles-Lettres....................................	457 — 475

CINQUIÈME VACATION. — *Samedi* 28 *mai*.

Belles-Lettres....................................	378 — 456
Histoire..	662 — 731
———	702

PARIS
ADOLPHE LAINÉ
Imprimeur
rue des S.-Pères
19.

www.ingramcontent.com/pod-product-compliance
Ingram Content Group UK Ltd.
Pitfield, Milton Keynes, MK11 3LW, UK
UKHW020114240726
13926UKWH00011B/1220

9 782014 466751